GRAND ALBUM

W0264690

LA LANGUE DES SIGNES

Cet album appartient à :

Nom : ____________________

Prénoms : ____________________

Adresse : ____________________

Ville : ____________________ Code postal : ____________________

IMPRIMÉ EN FRANCE

Éditions AEDIS – www.aedis-editions.fr
ISBN 978-2-84259-993-5
Conception : © Henri Medori
Illustration de couverture : Le Petit Nicolas®
Illustrations intérieures : Le Petit Nicolas® - Pierre Quentin - Géry Boileau
Dépôt légal : 2e trimestre 2020

Alphabet dactylologique

Utilisée par les sourds-muets, la dactylologie* est un langage fait de signes effectués avec les doigts d'une seule main pour les lettres (alphabet), mais avec deux mains pour les nombres, les mots ou les expressions.

* dactylo = doigt / logie = parole

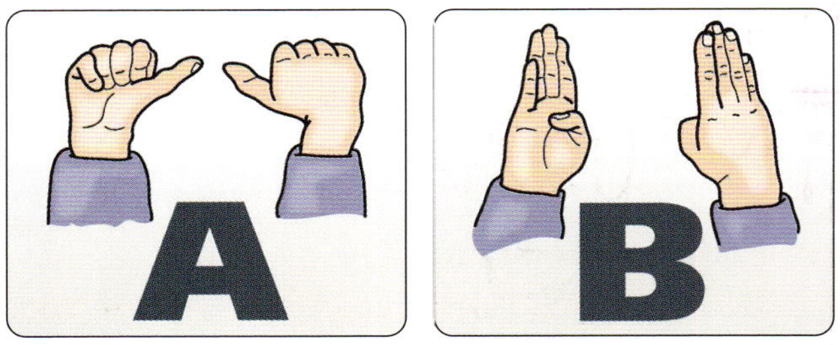

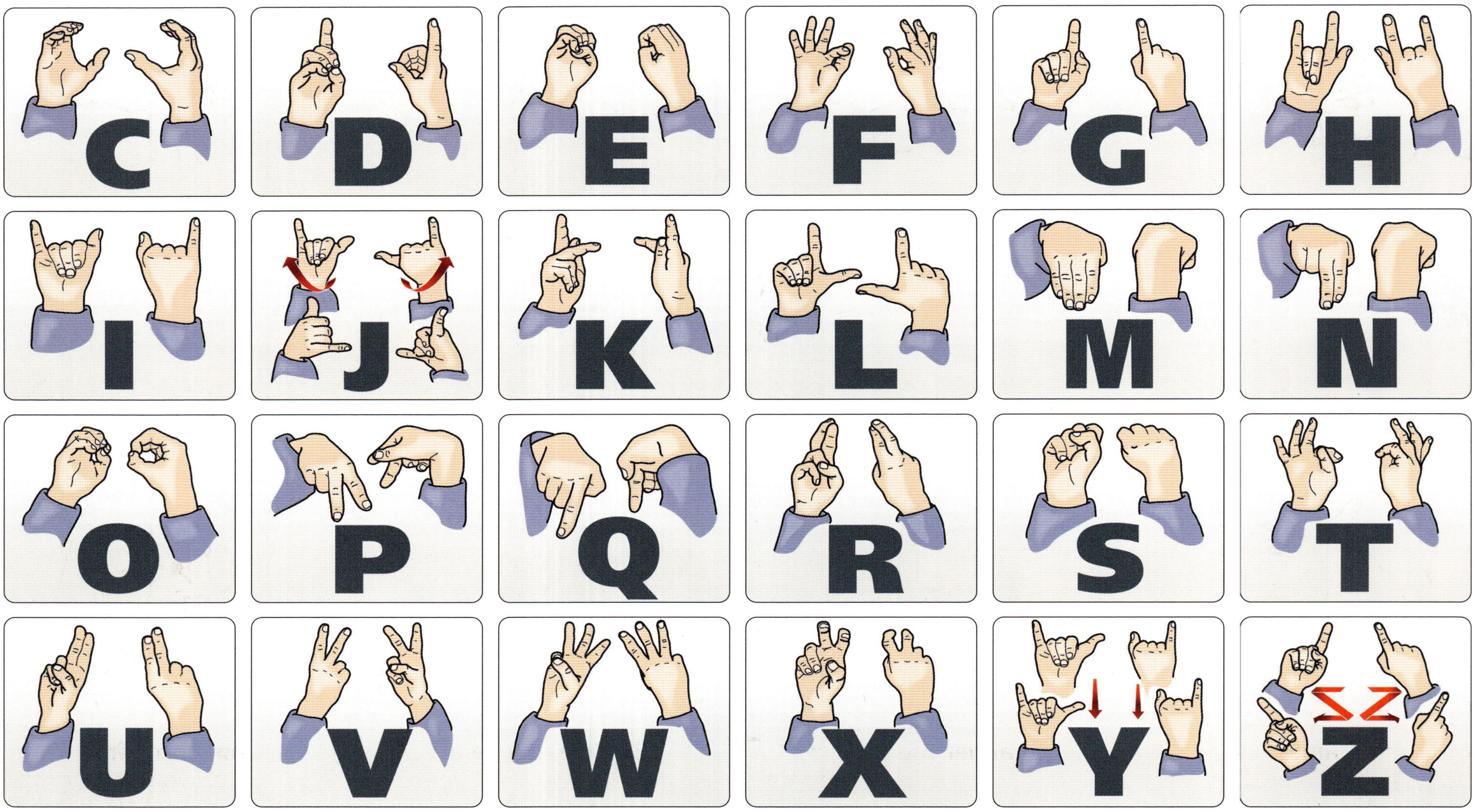

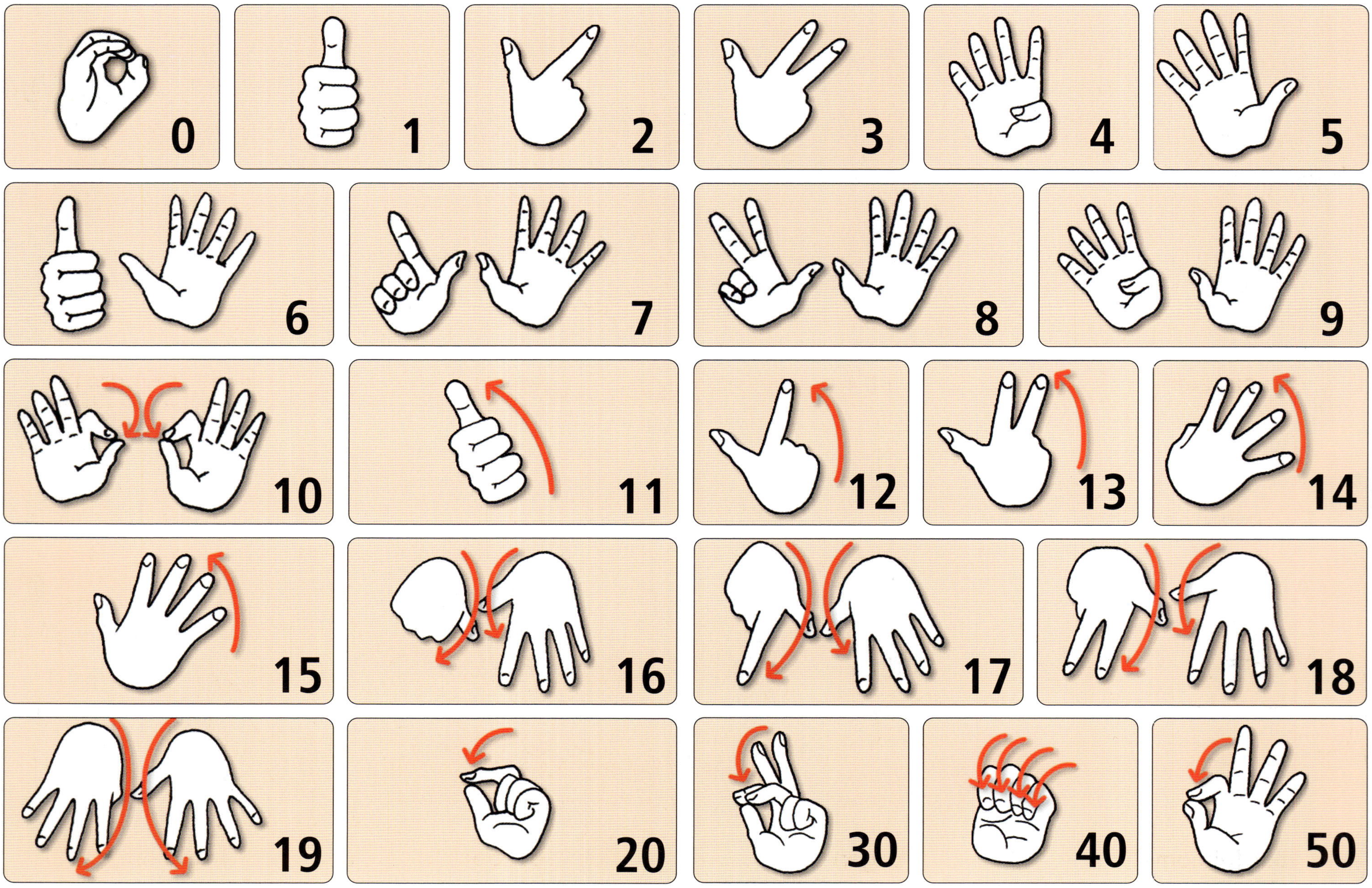

A

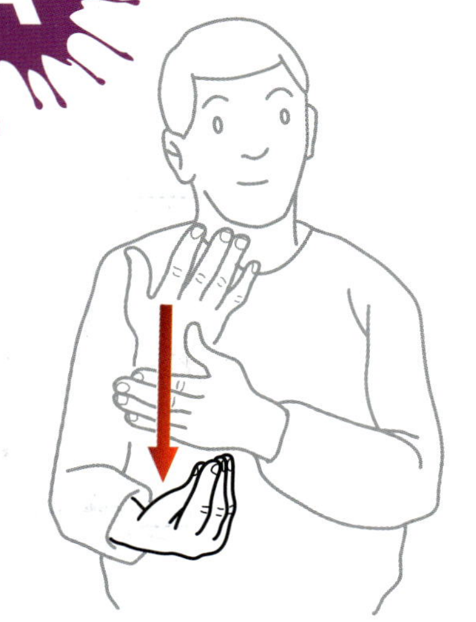

absent

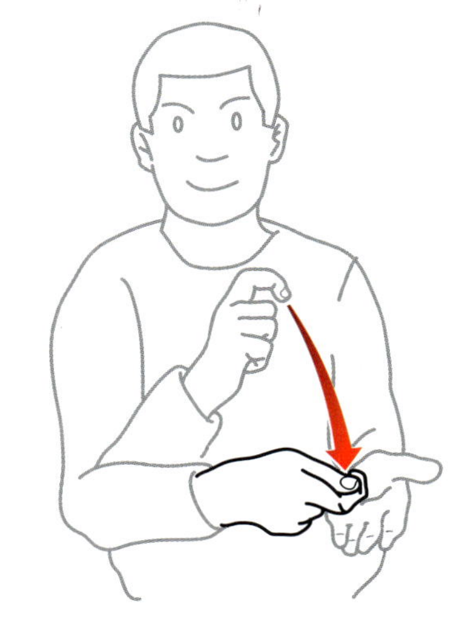

acheter

addition

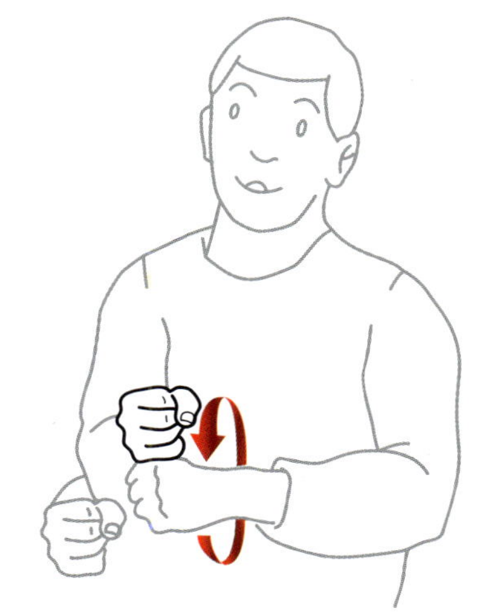

âge

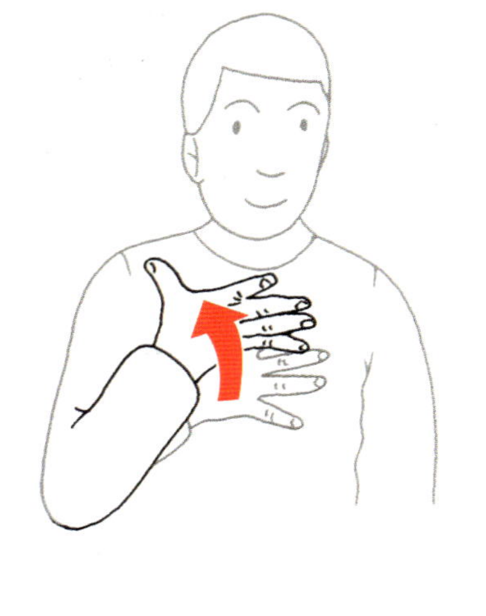

aimer

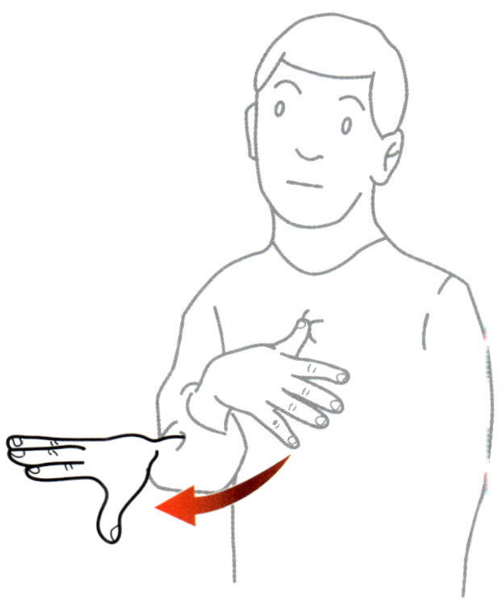

aimer (ne pas)

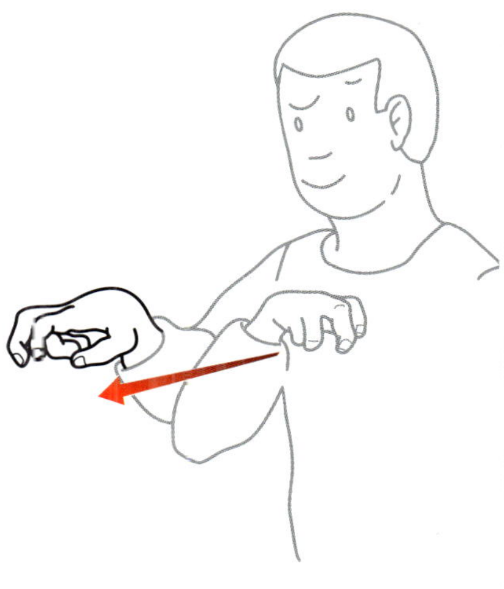

aller [se rendre à]

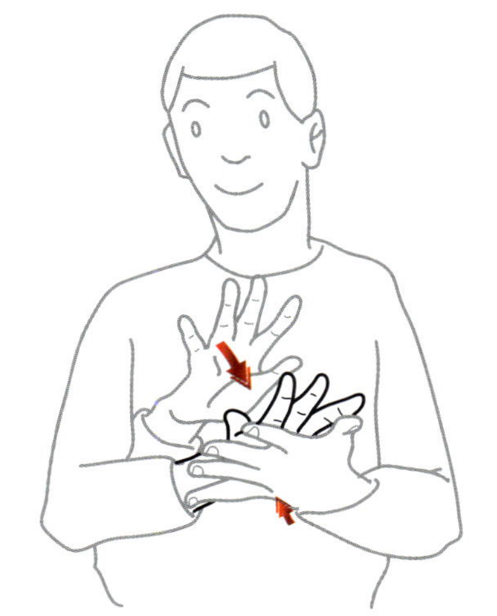

anniversaire

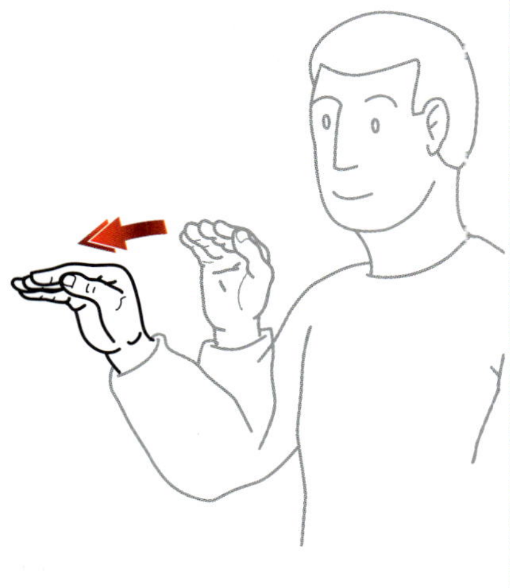

appeler

arbitre

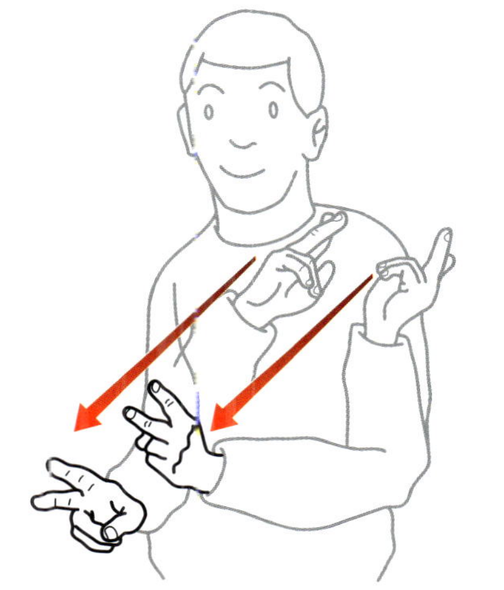

arriver

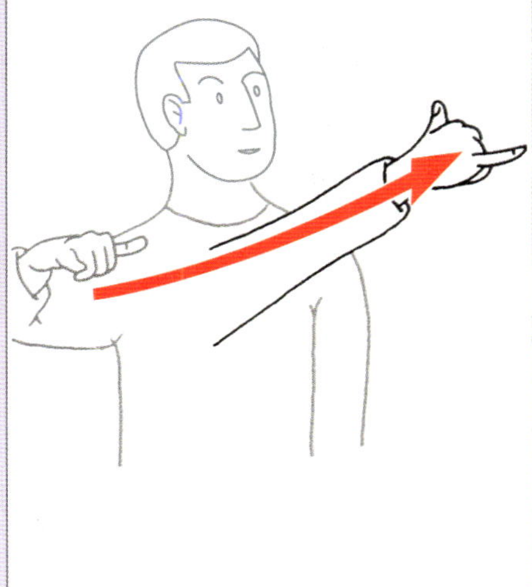

avion (prendre l')

B

bac [diplôme]

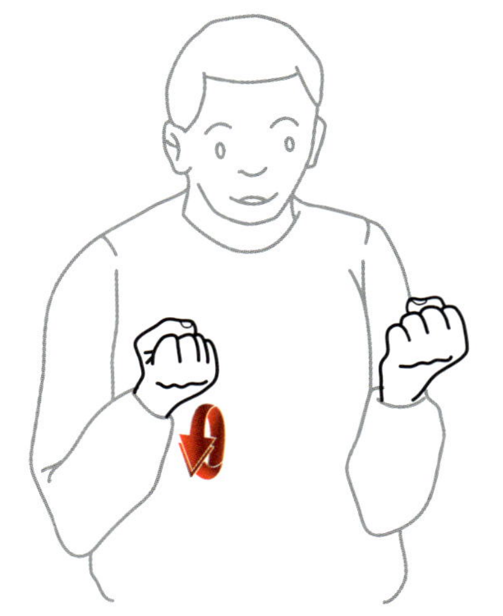

bagarre

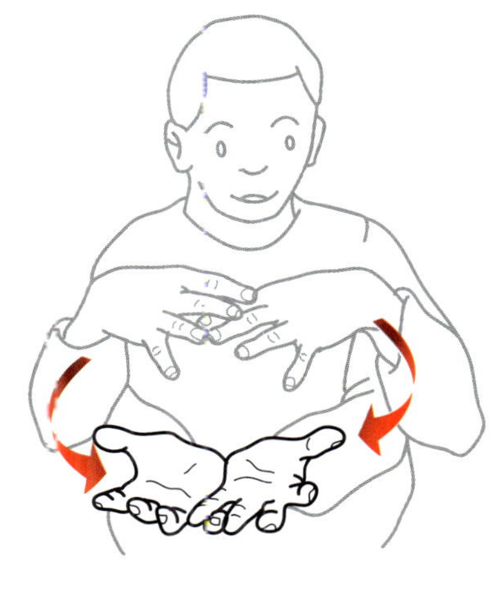

ballon

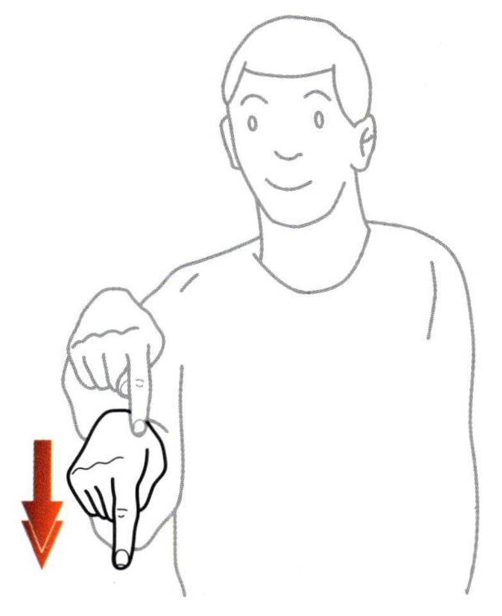

bas (en)

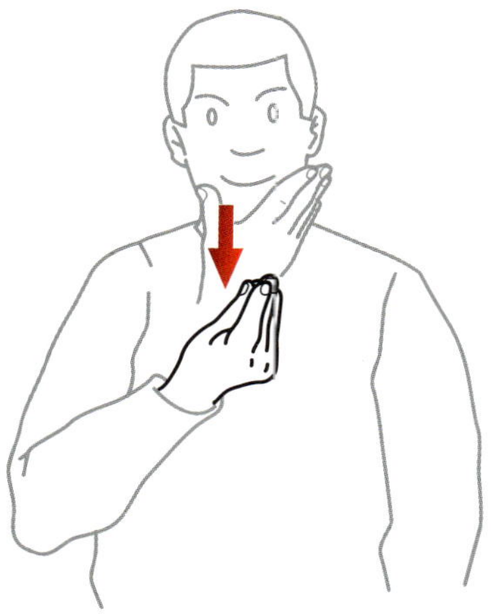

beau (être)

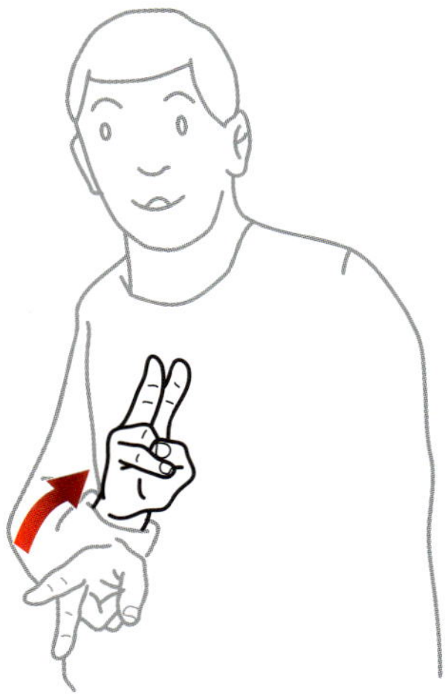

bête (il est)

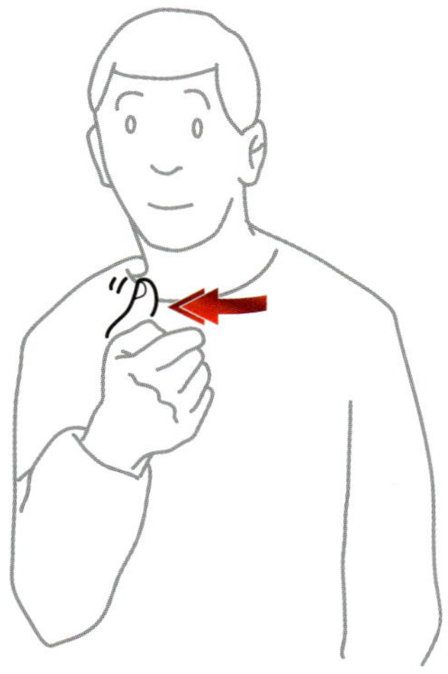

bientôt

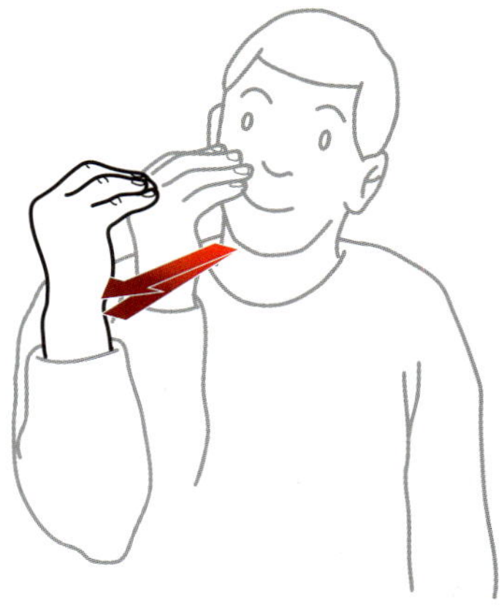

bisou (faire un)

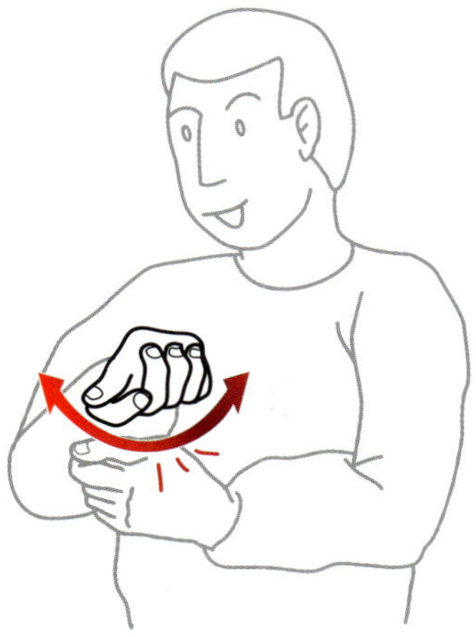

blague

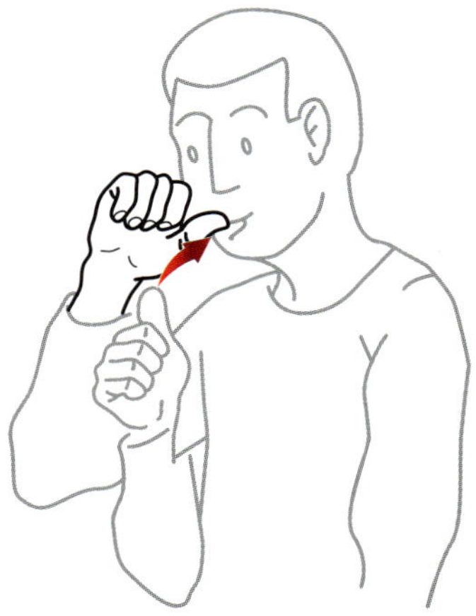

boire

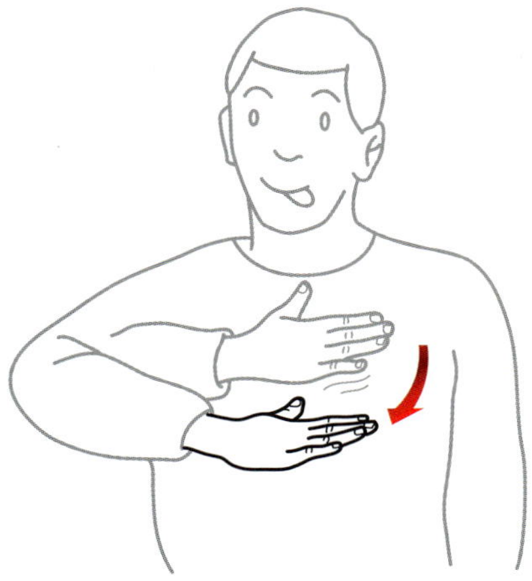

bon (c'est)

bonjour, salut

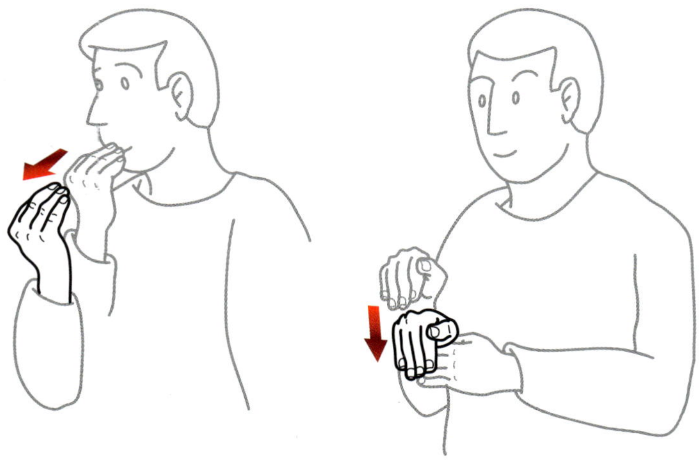

bonsoir

bravo

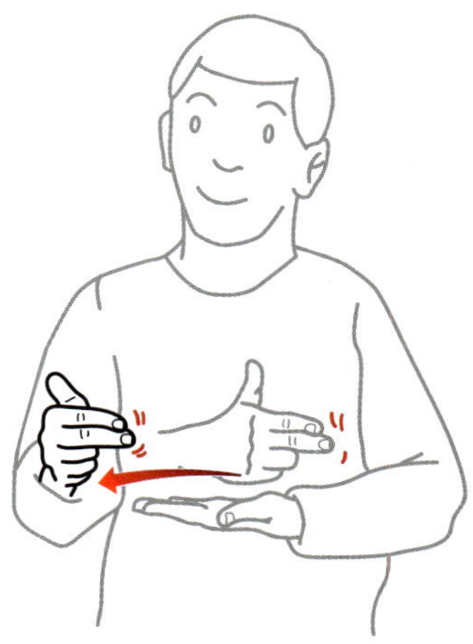

bureau [meuble]

C

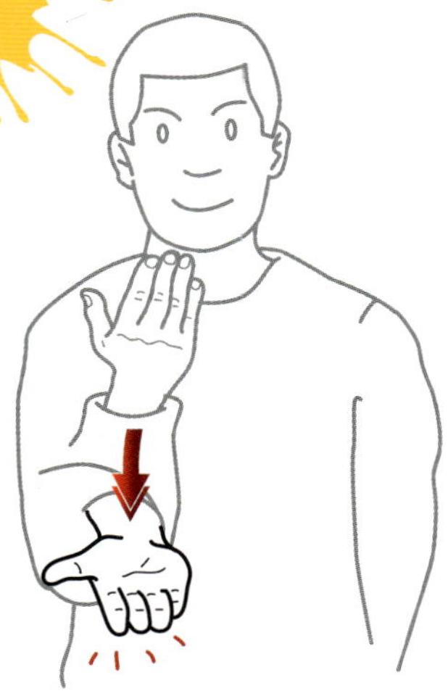

ça (c'est)

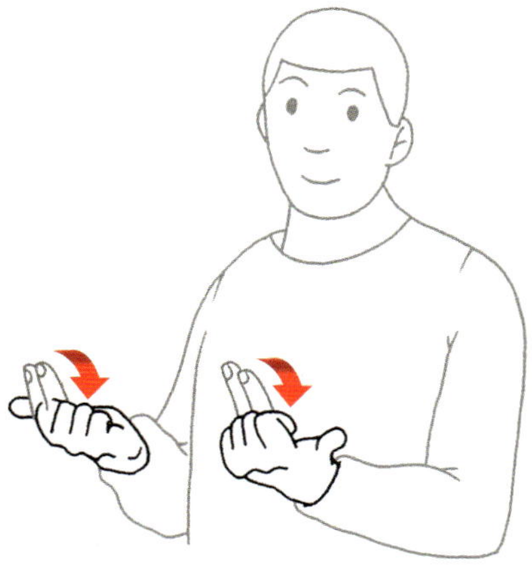

ça va ?

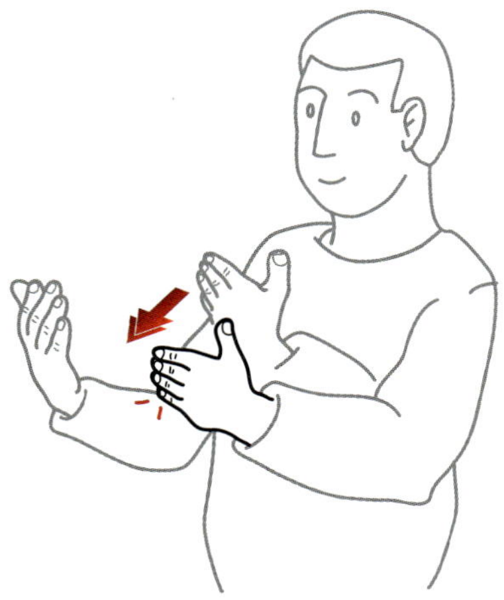

cahier

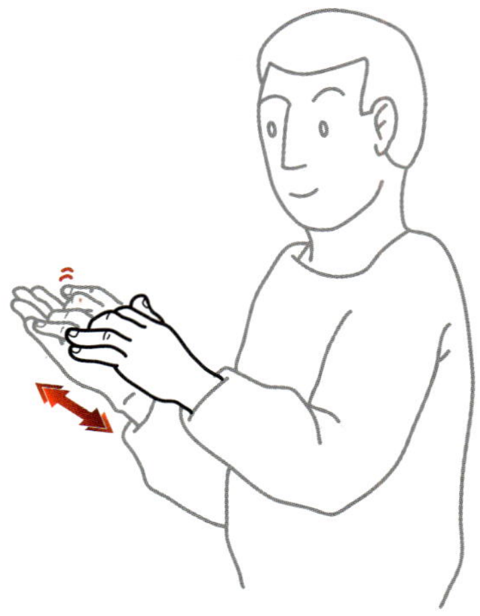

calculatrice

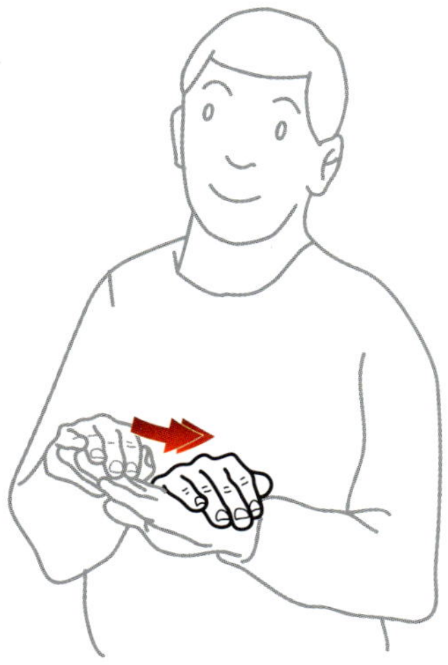

câlin (faire un)

carte bleue

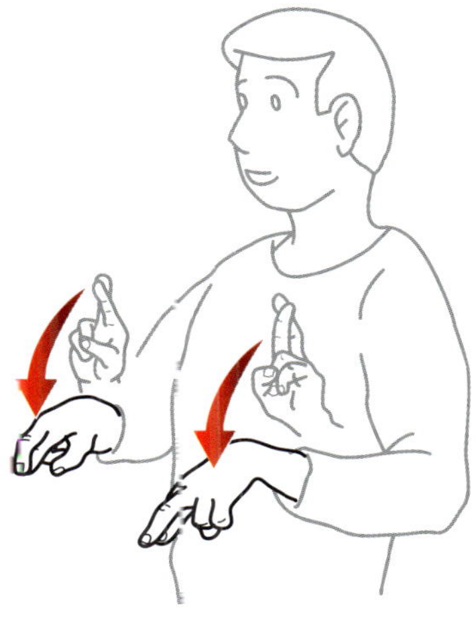

ce n'est rien

cercle

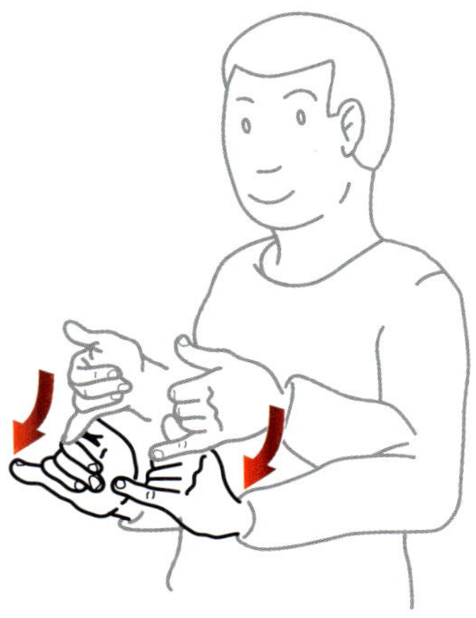

chaise

chambre

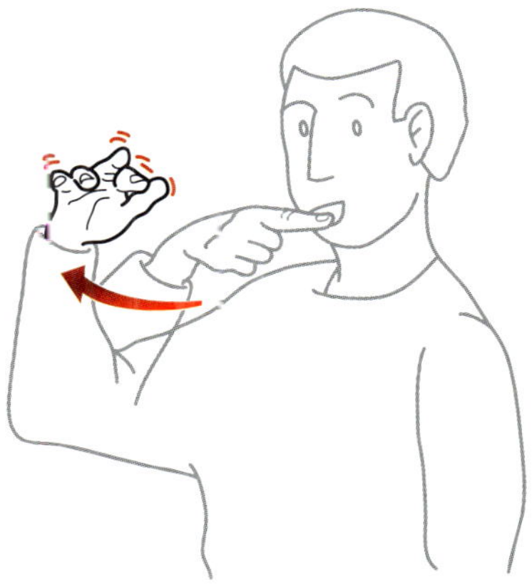

chanter

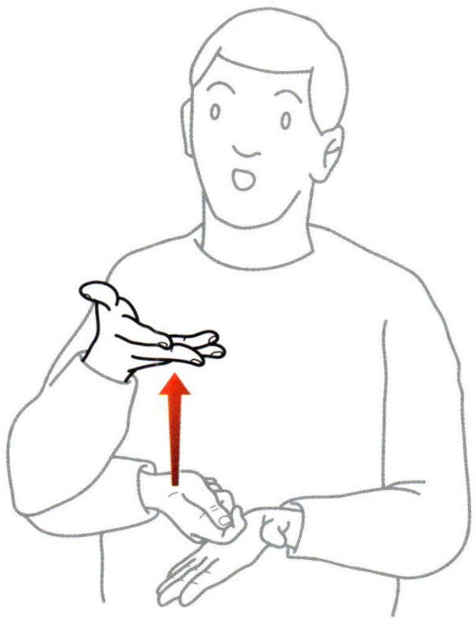

cher

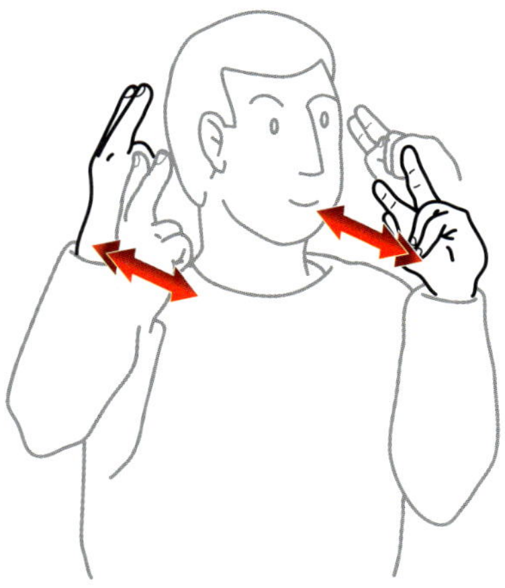

cheveux [couper]

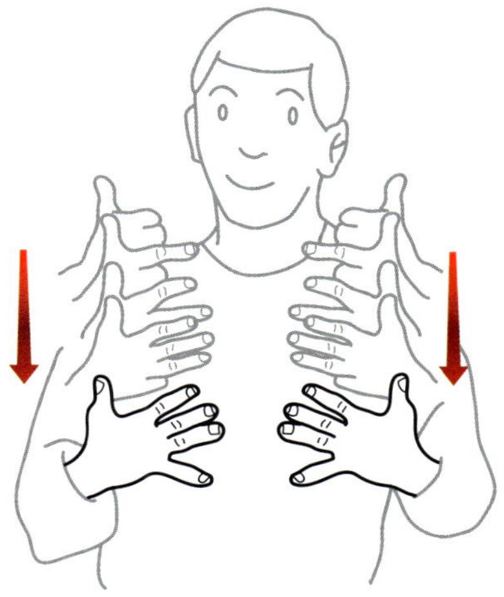

chiffres

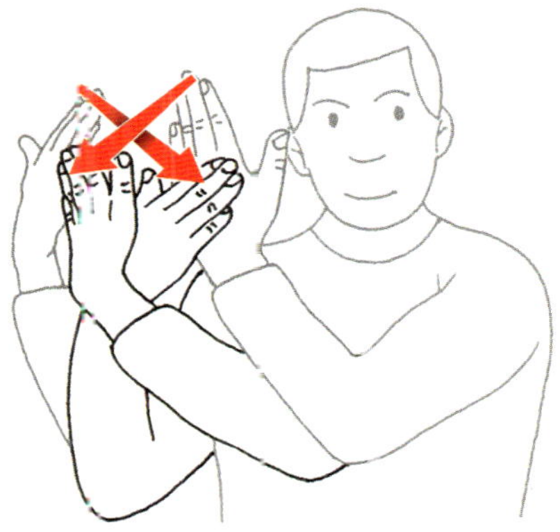

cinéma

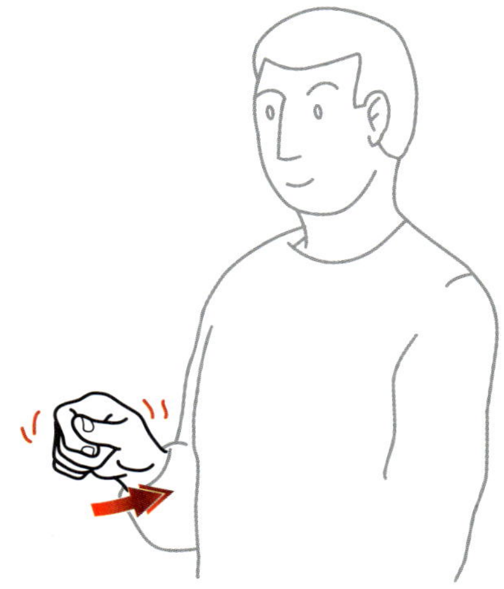

clé

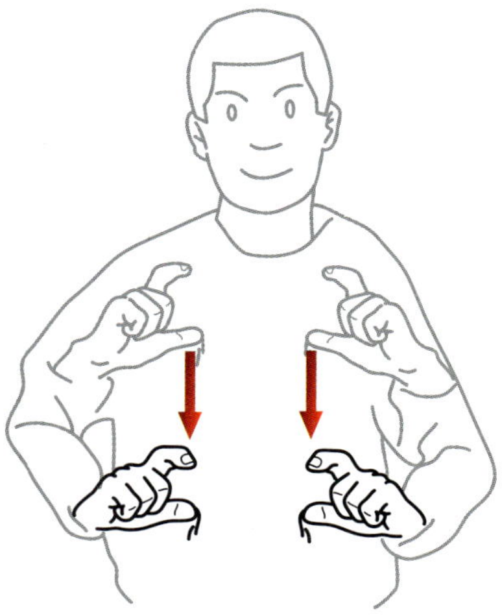

collège

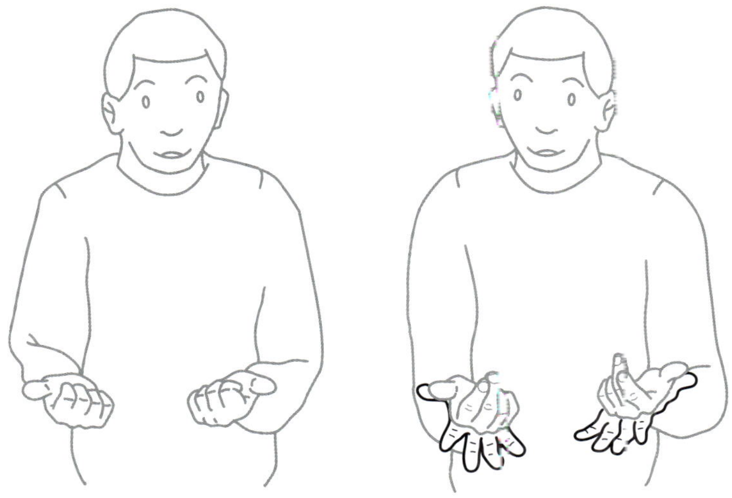

combien ?

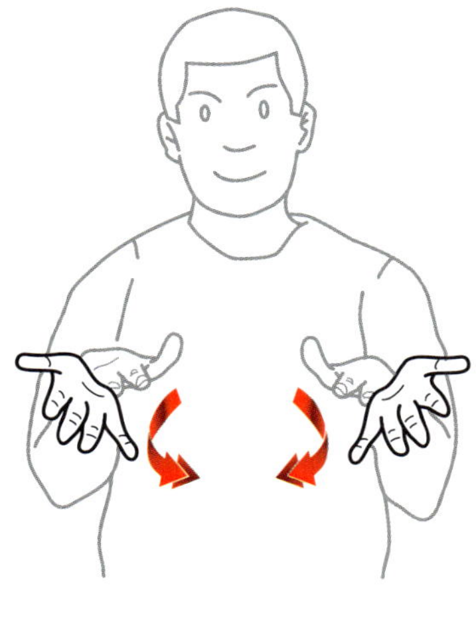

comment

comprendre

compter

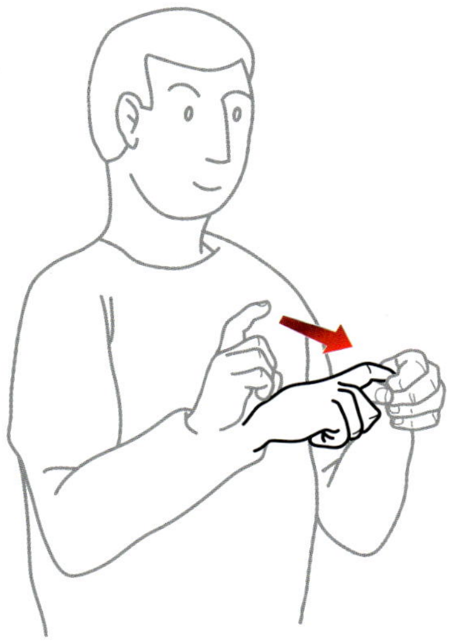

connexion

content

contre (être)

côté (à)

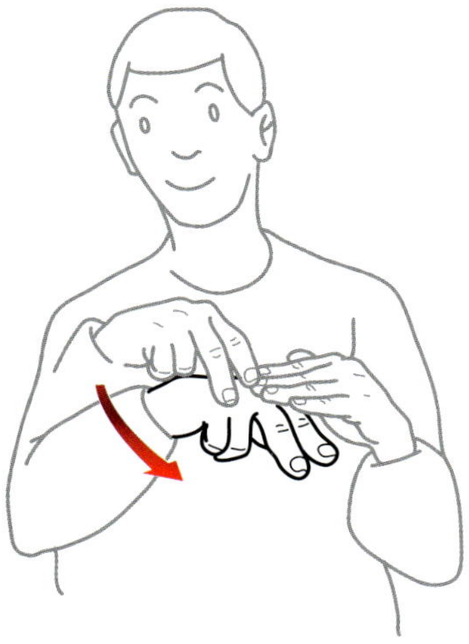

coucher (se)

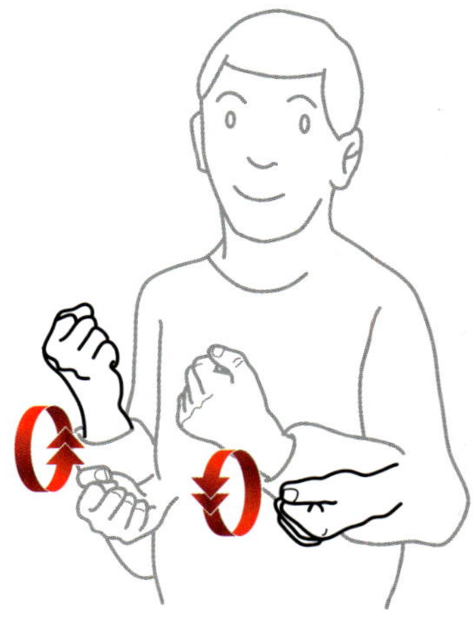

courir

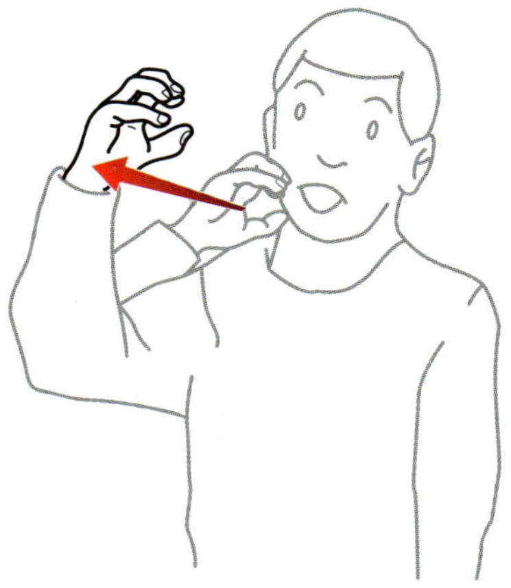

crier

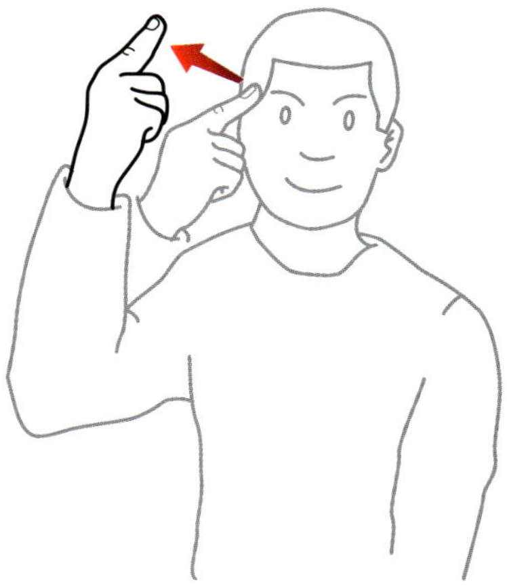

croire

D

dans, dedans

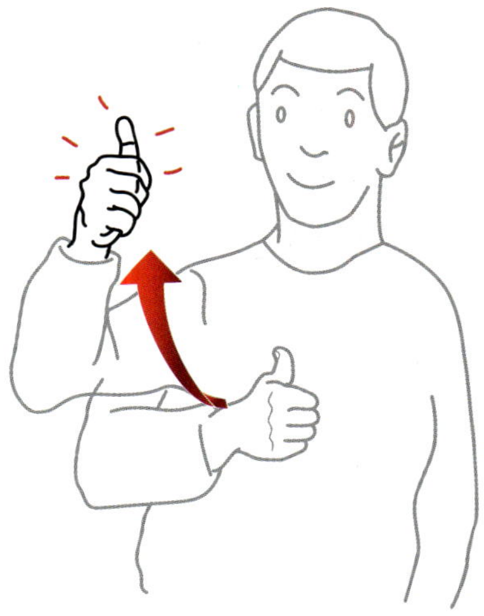

débrouille-toi

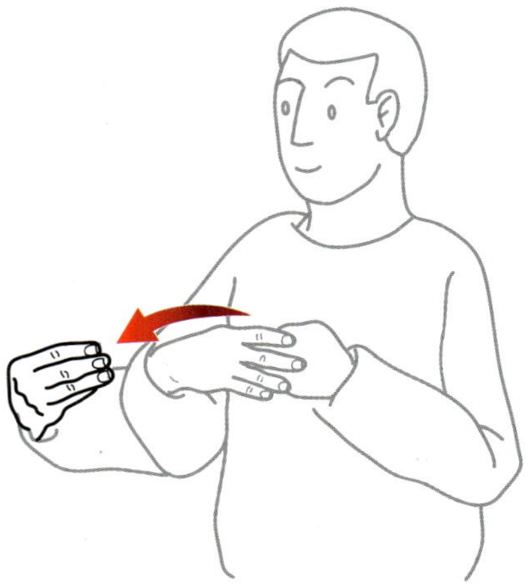

dehors

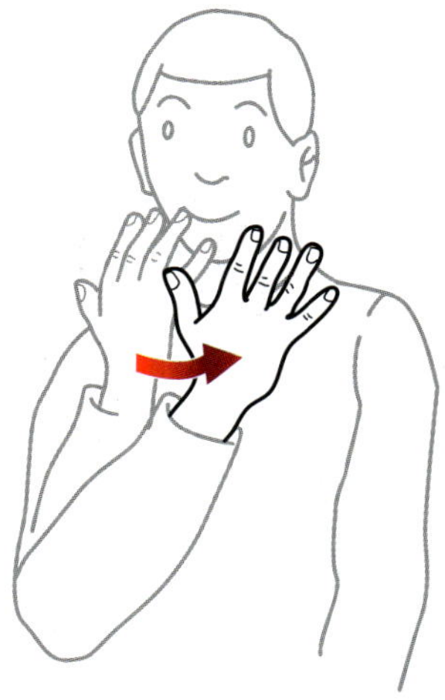

délicieux

demain

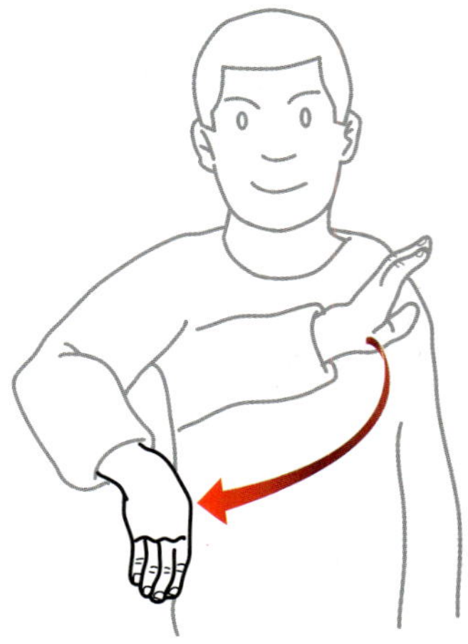

dernier

difficile

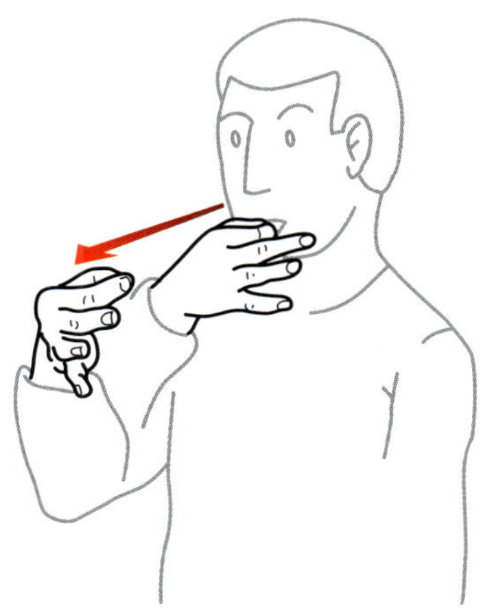
dire

disputer (se)

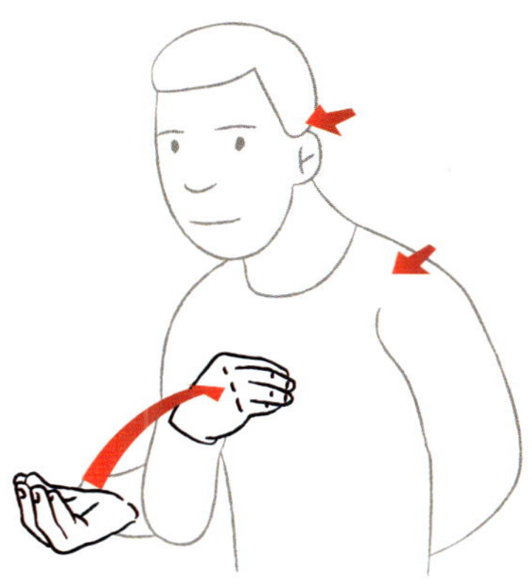
donne-moi

E

échec

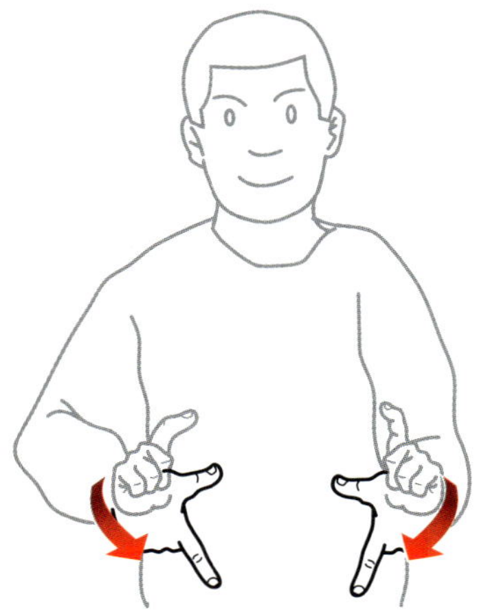
école

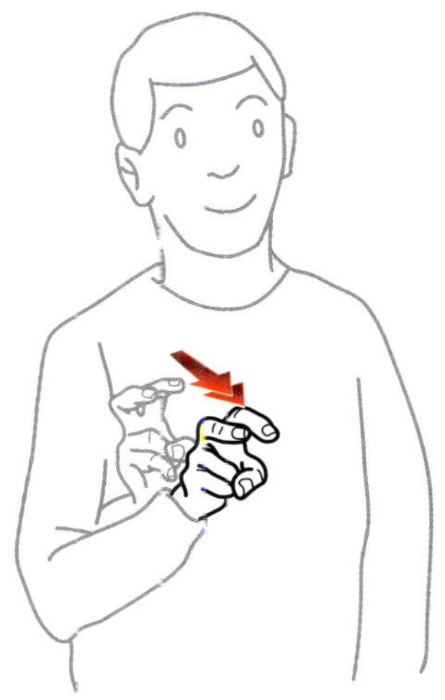
écologie

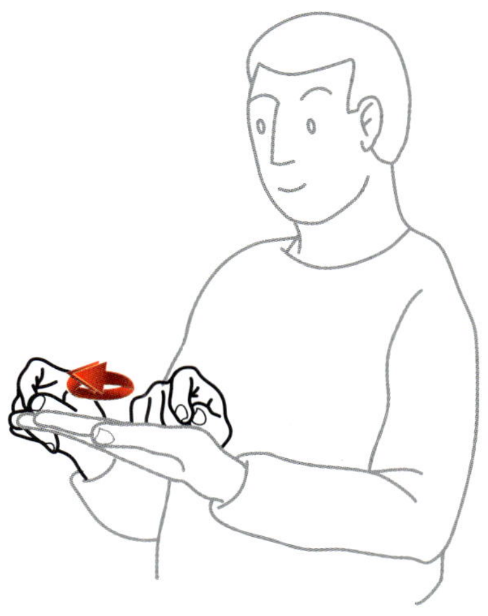
écrire

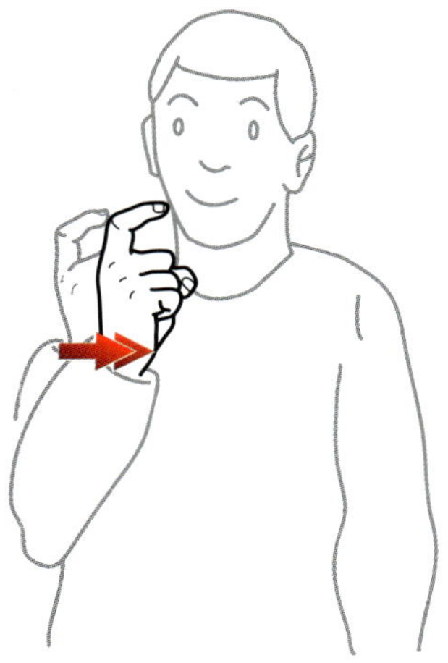
élève

e-mail

embrasser

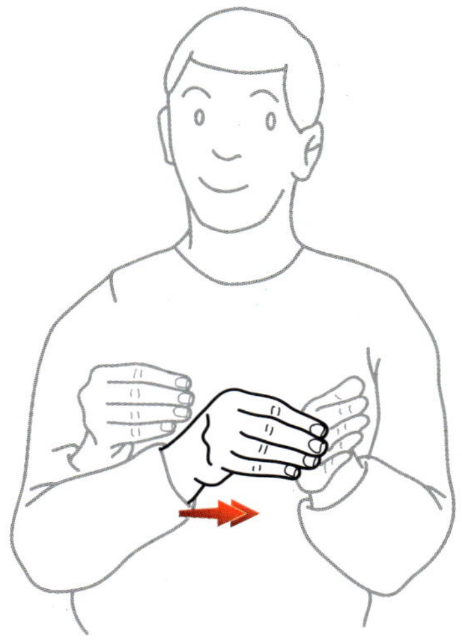
encore

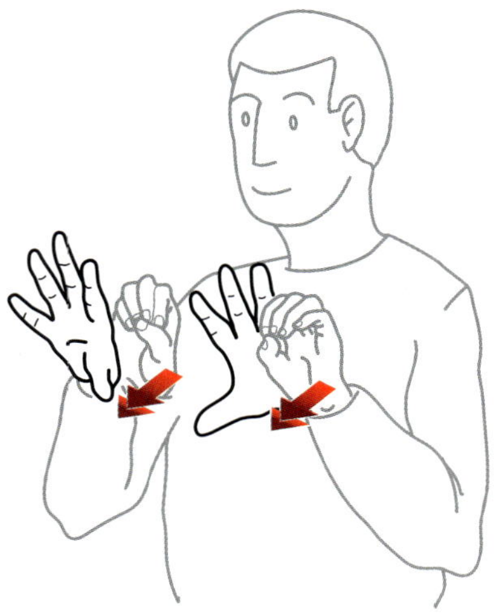
enseigner

ensemble

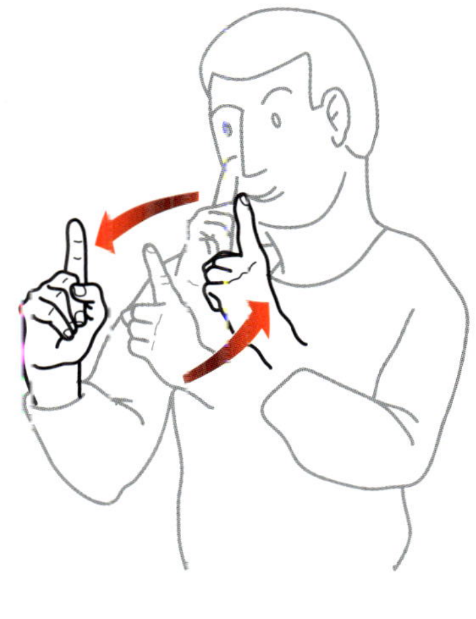
erreur

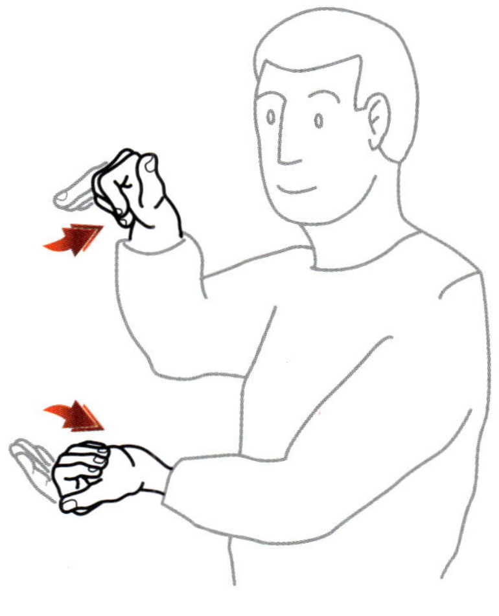
espérer

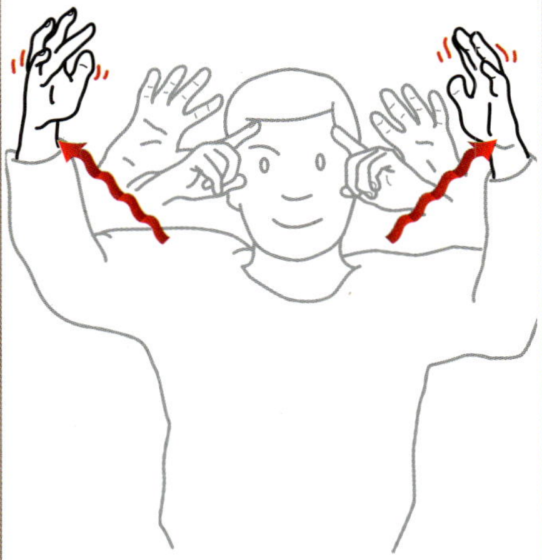
étourdi

être [moi]

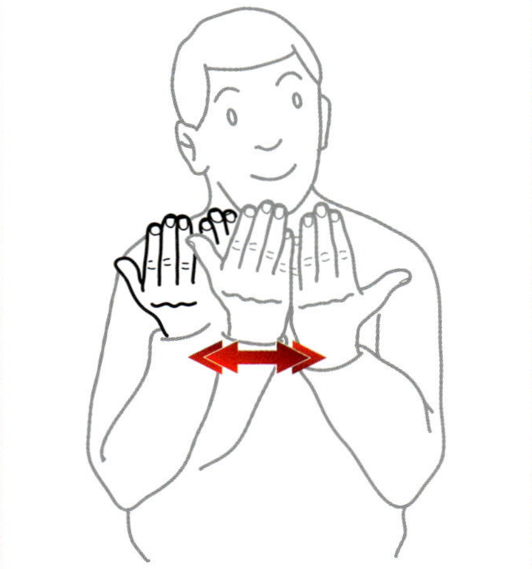
étudier

examen

exemple

exercice

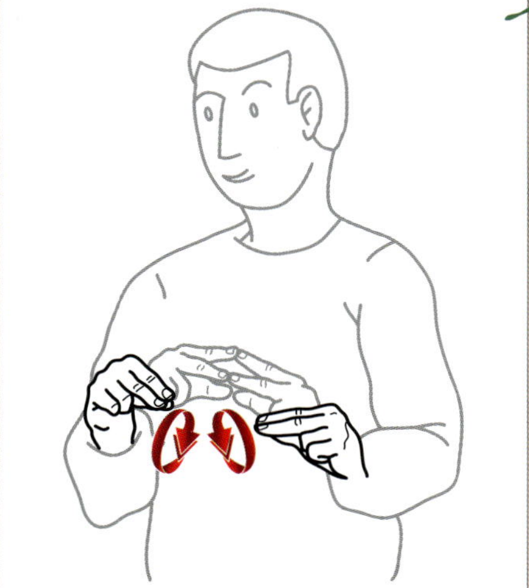
expliquer

F

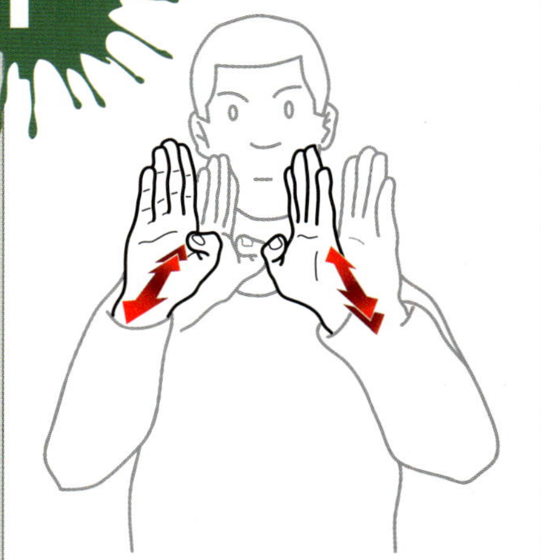
facebook [internet]

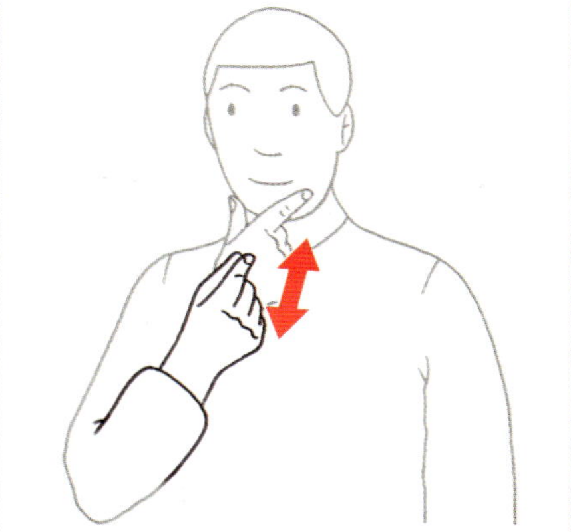
facile

faim (avoir)

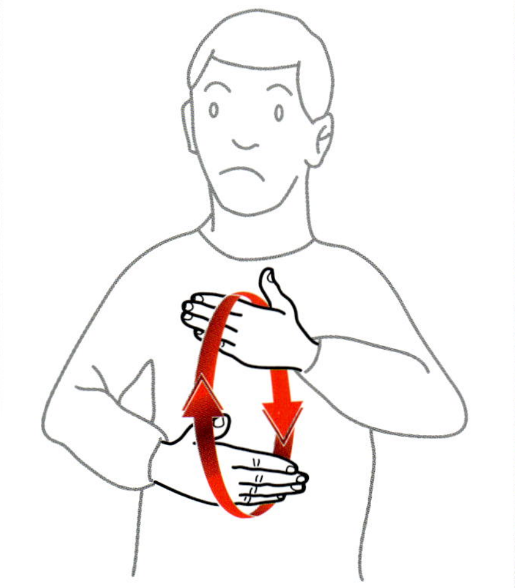
fatigue

faut (il)

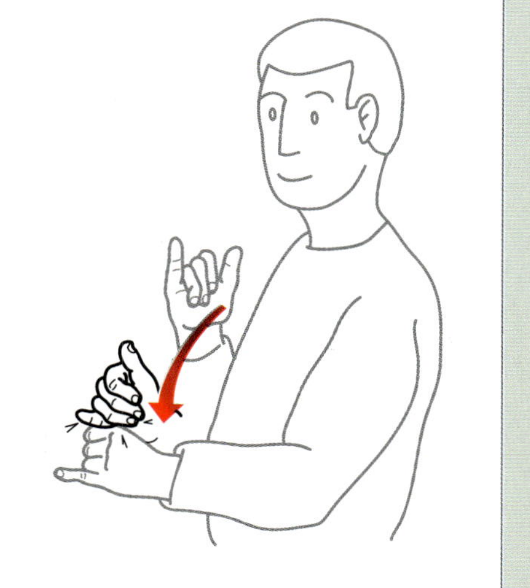
faux

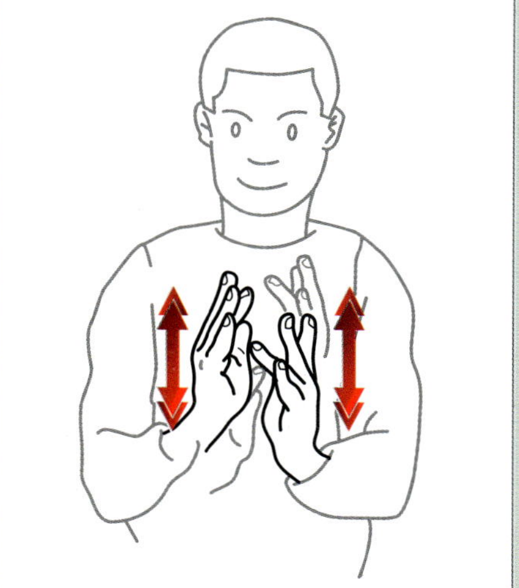
feu

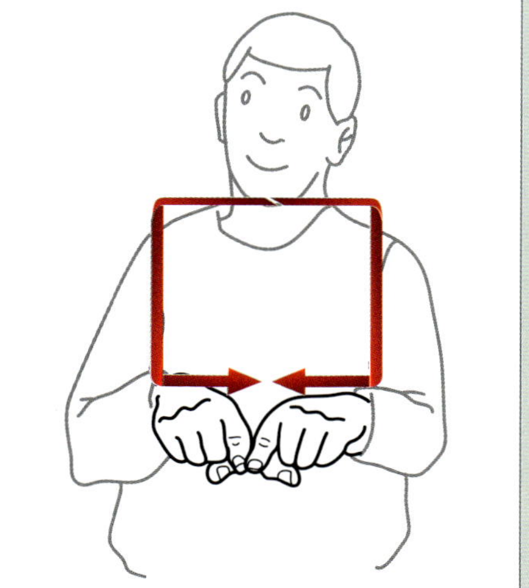
feuille (de papier)

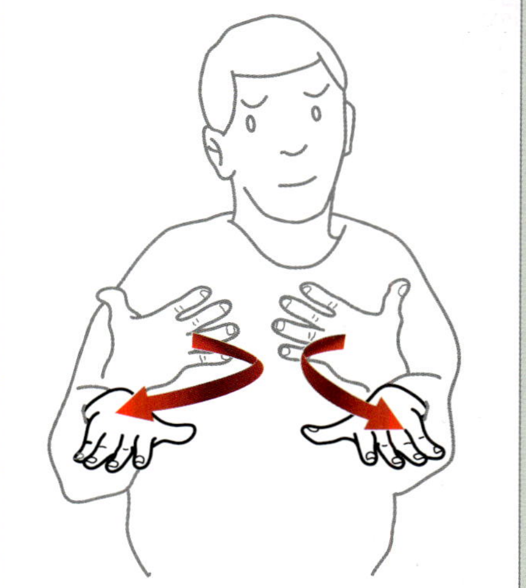
fini (c'est)

fini (pas)

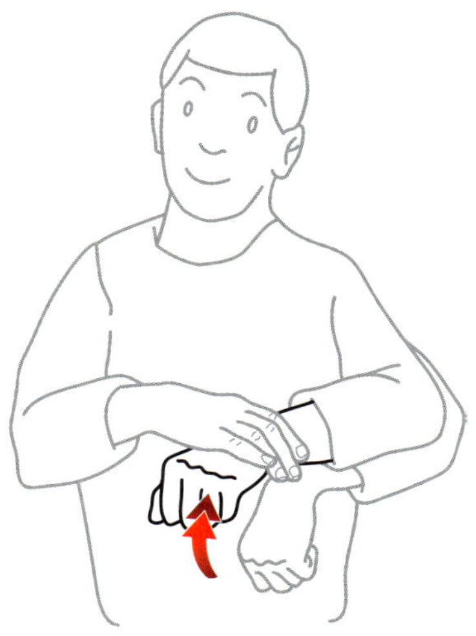

football

forme (en)

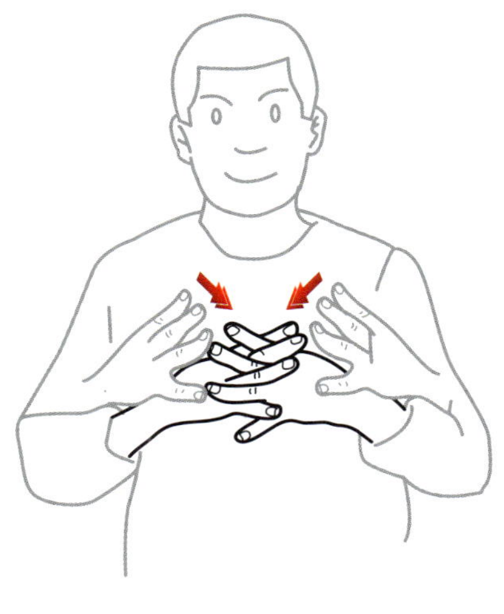

frites

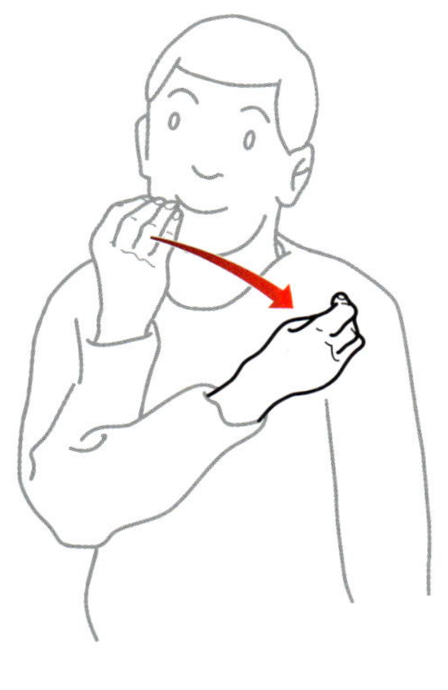

froid

G

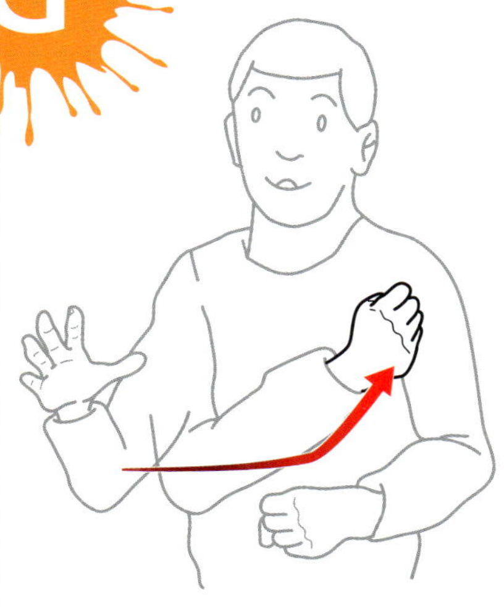

gagner

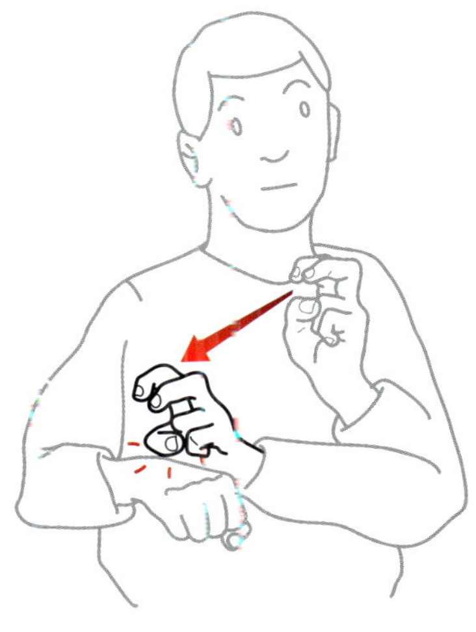

garder

gentil

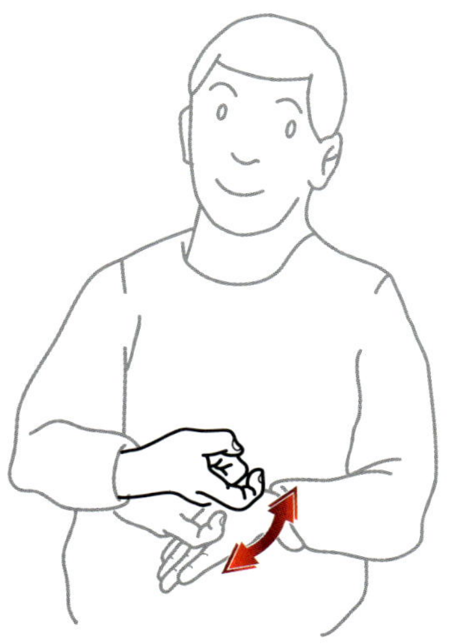

gomme

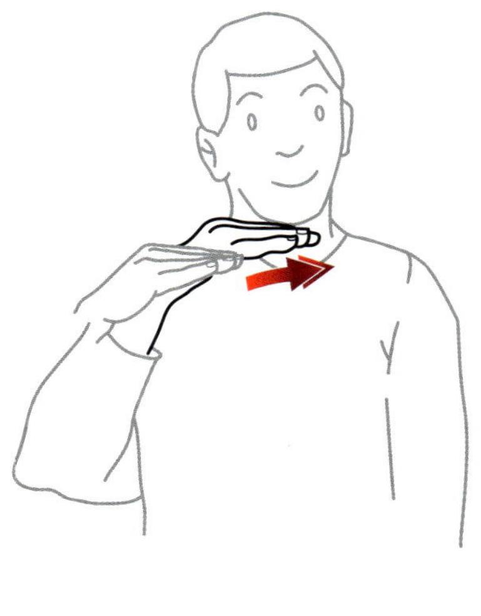

gourmand

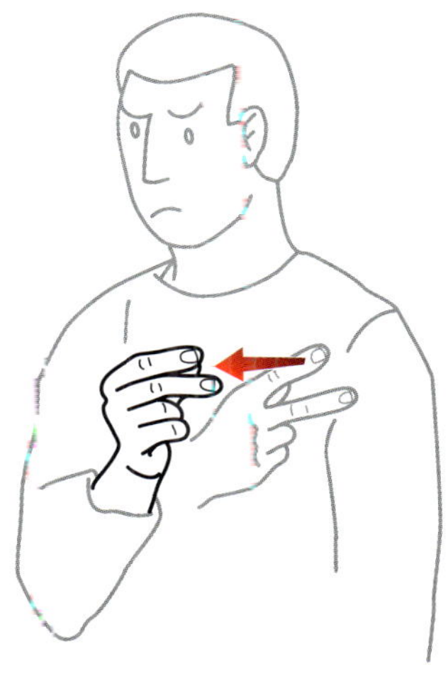

grave (c'est)

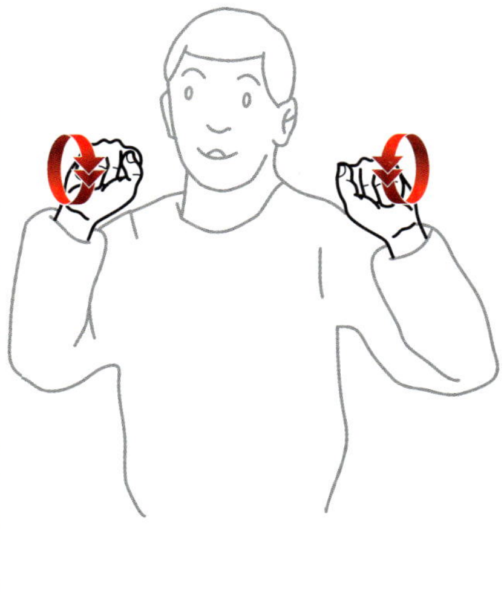

gymnastique

H

habiter

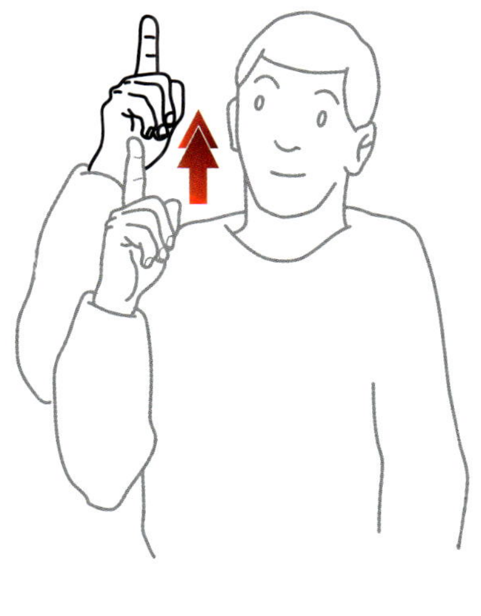

haut (en)

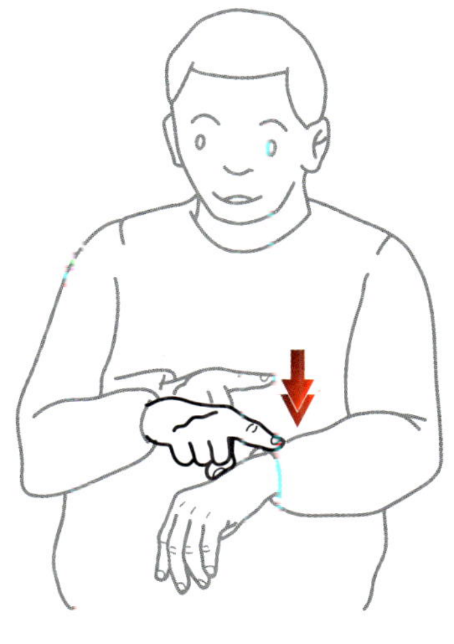

heure (l') (quelle)

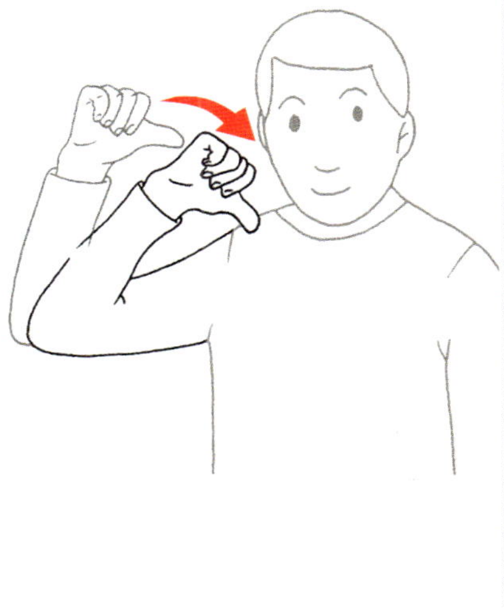

hier

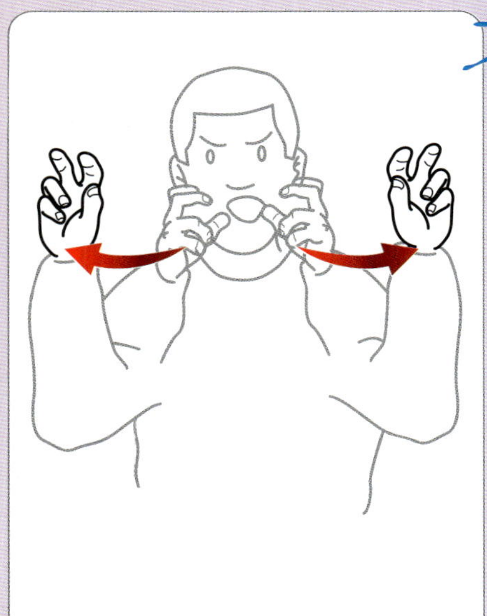
hurler

I

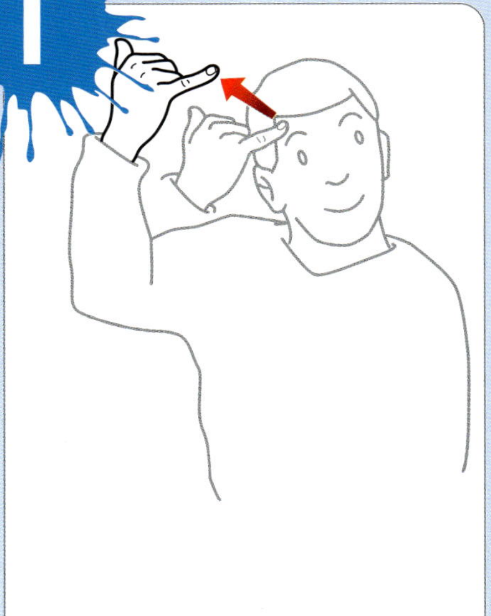
idée

idiot (quel)

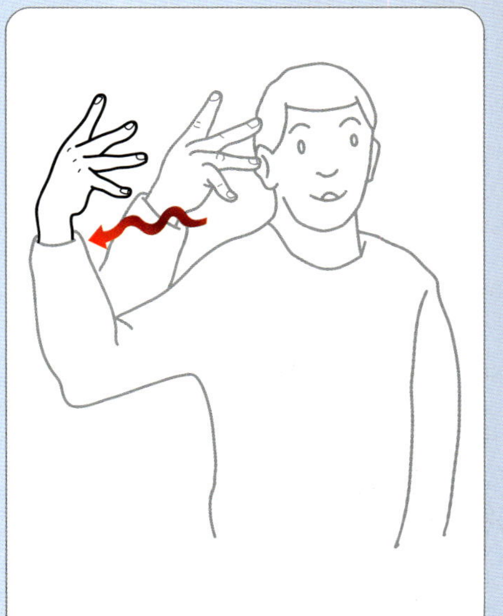
illustrator [logiciel]

imaginer

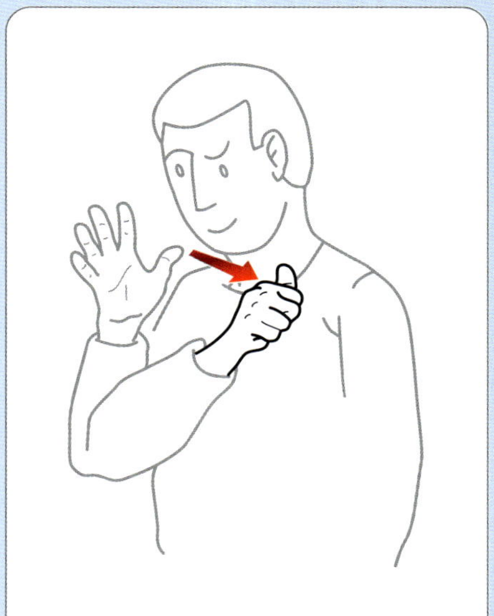
impossible

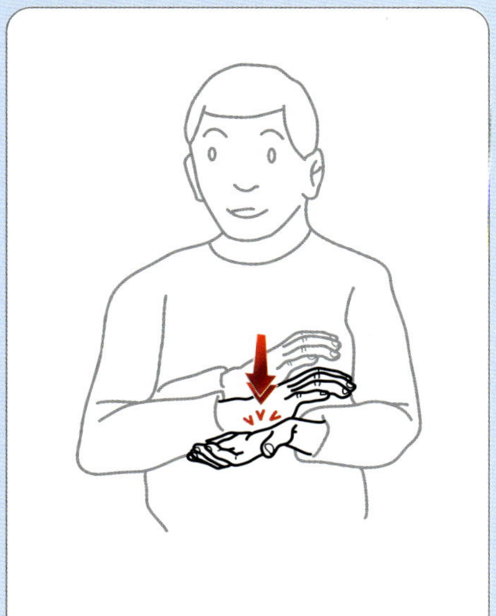
imprimer

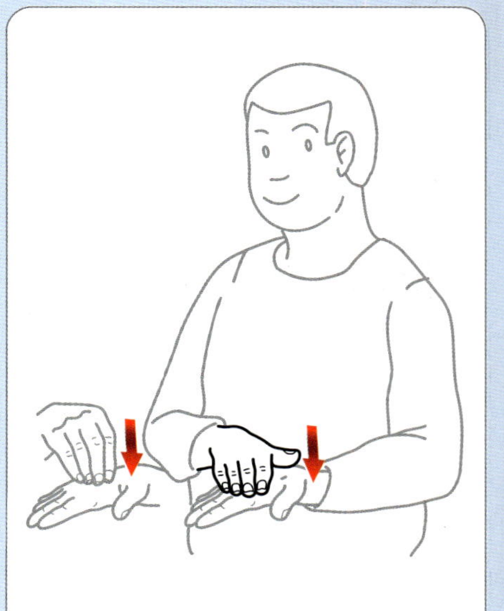
inscription

intelligent

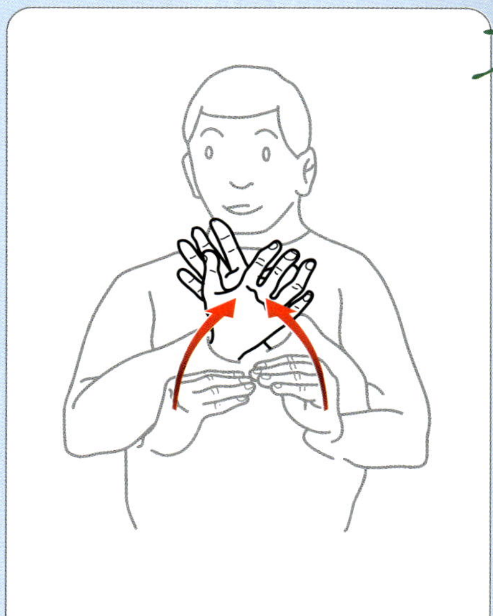
internet

J

je (moi)

jouer

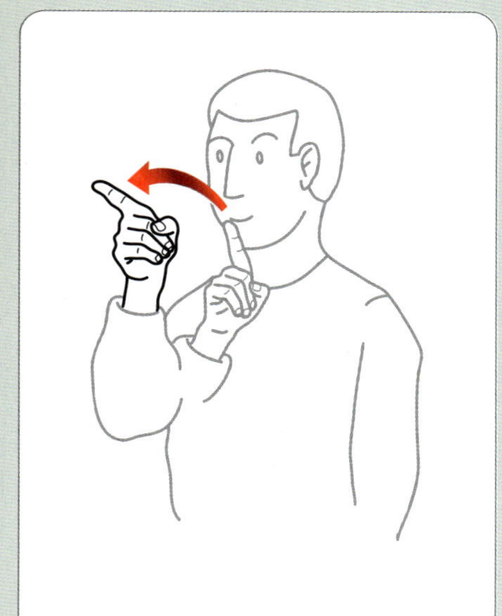
jour

juste (c'est)

L

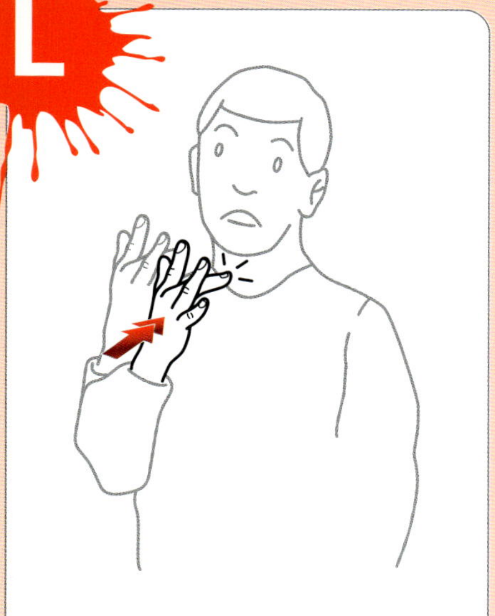
laid

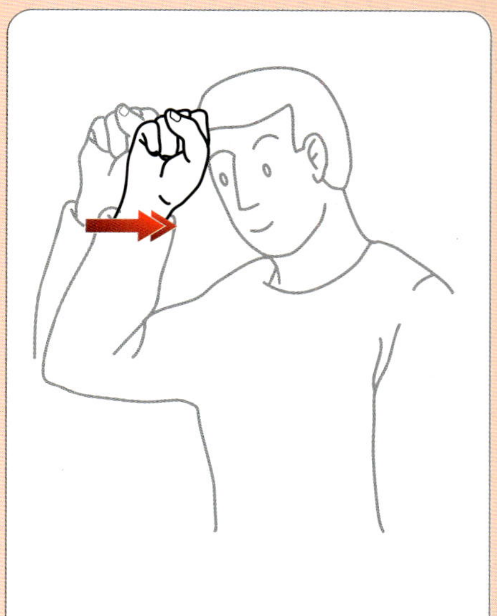
leçon

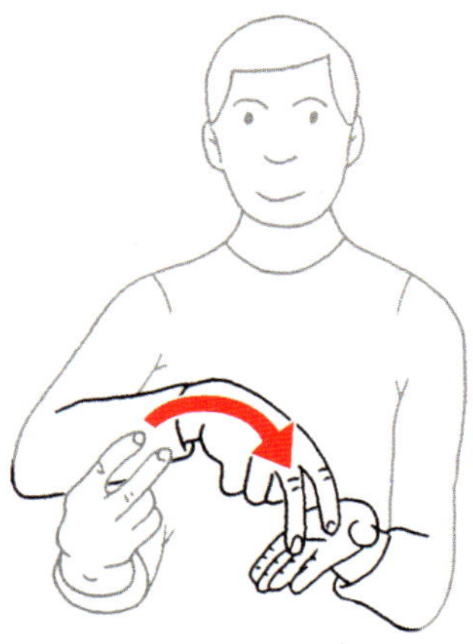
lever (se)

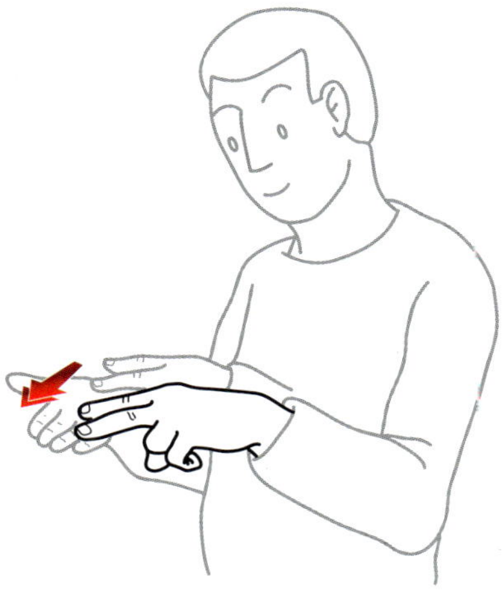
lire

livre

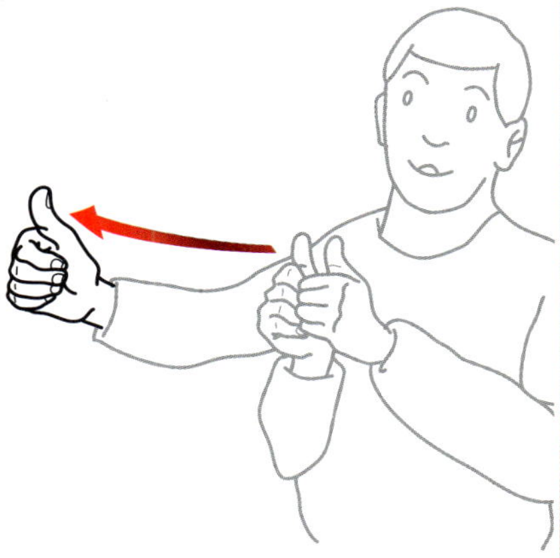
loin

long (c'est)

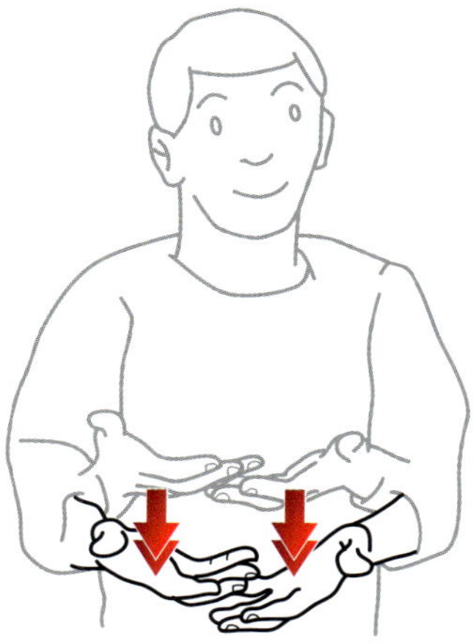
lourd

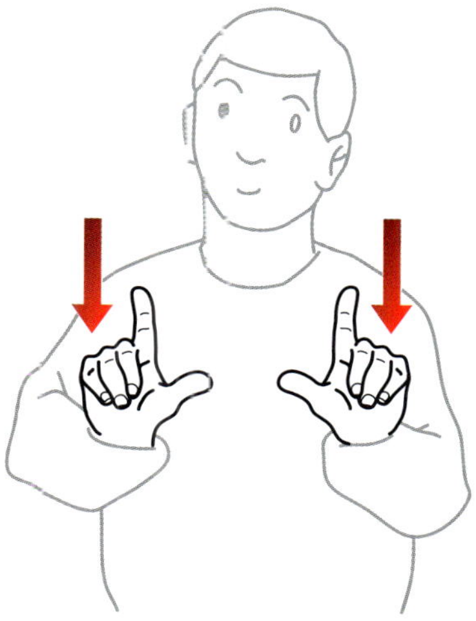
lycée

M

malin

maman

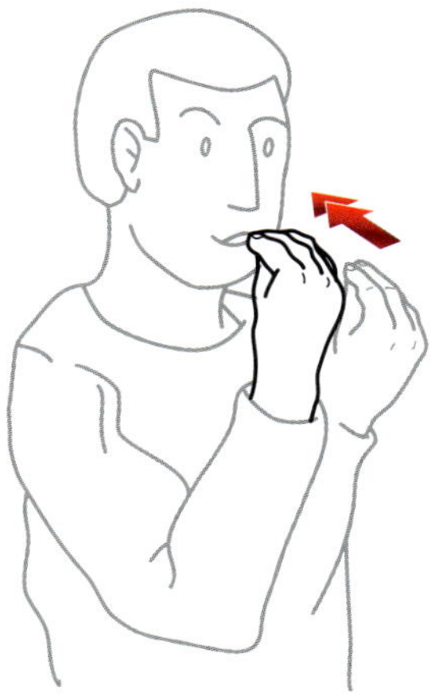
manger

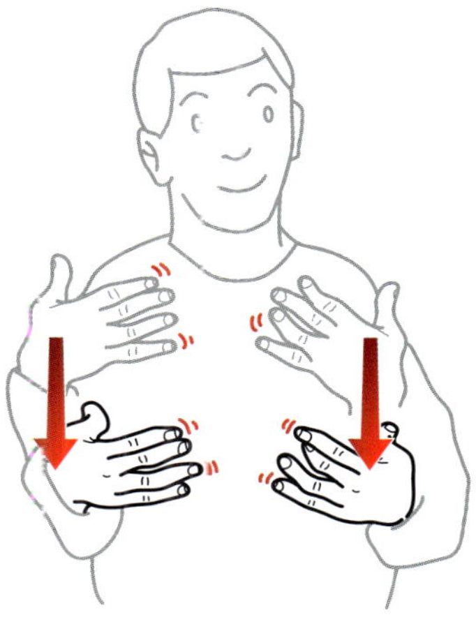
mathématiques

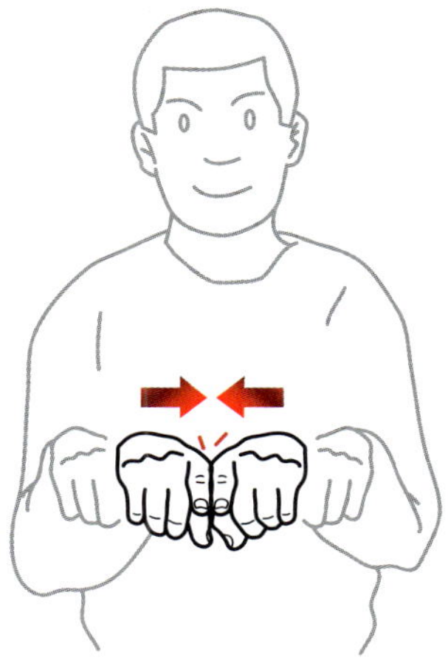
même (de)

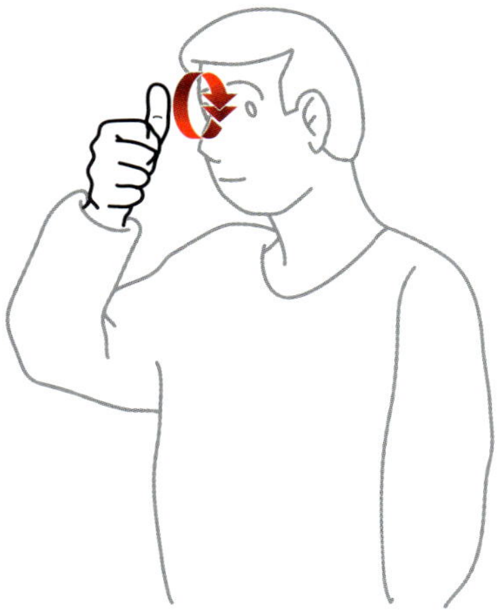
mémoire

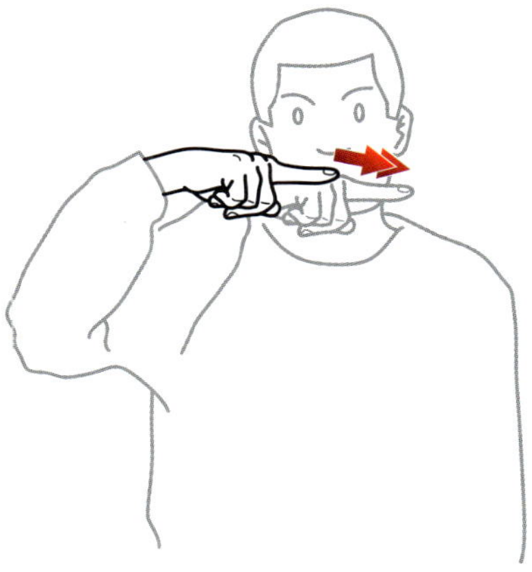
mentir

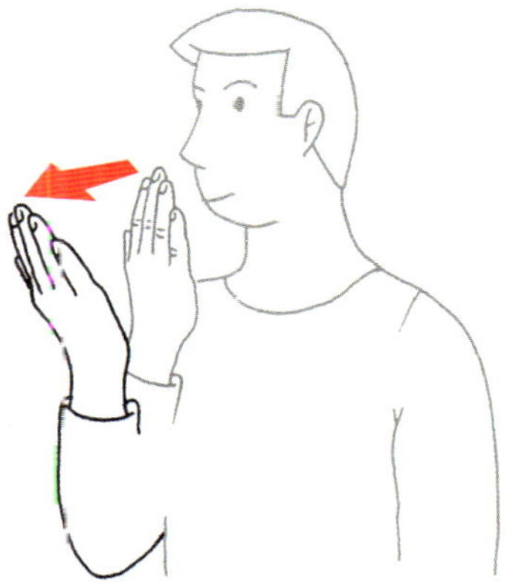
merci

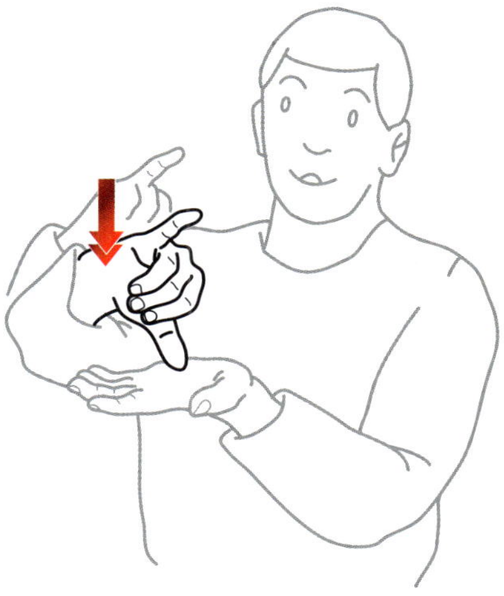
milieu (au)

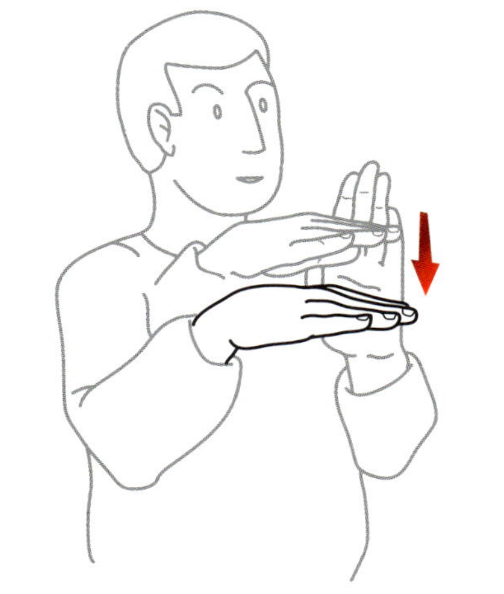
moins

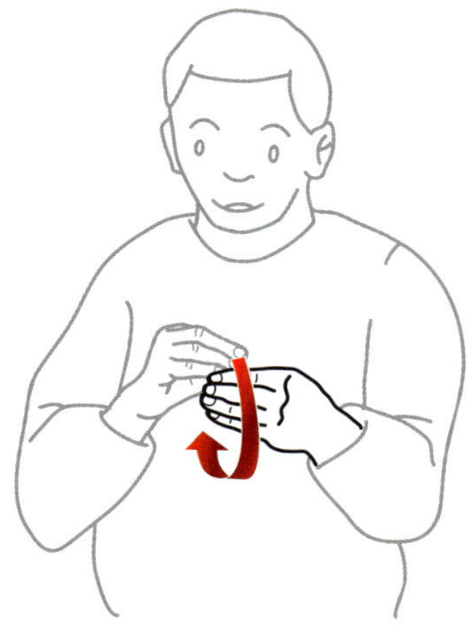
monde (le)

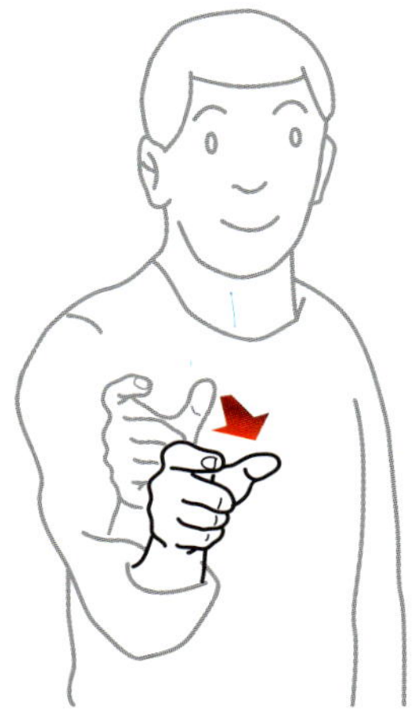
mot

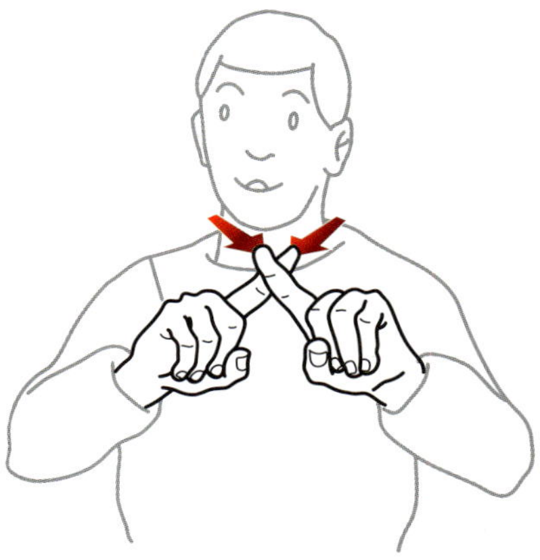
multiplication

musique

N

nager

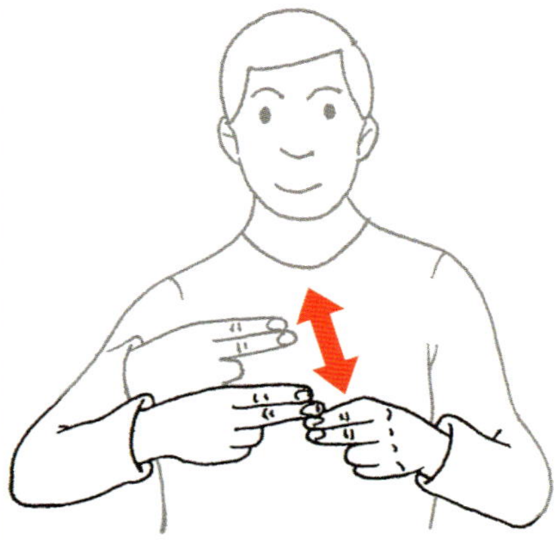
nom

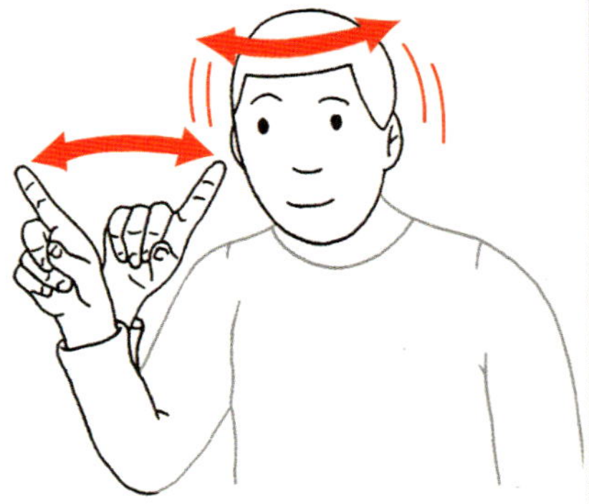
non, ne pas

noter

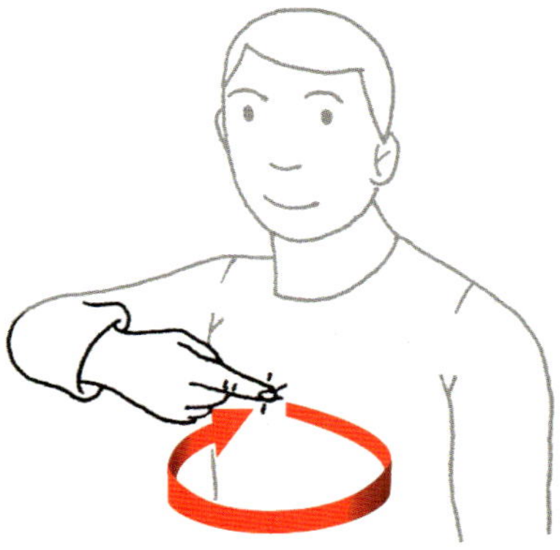
nous

O

obéir

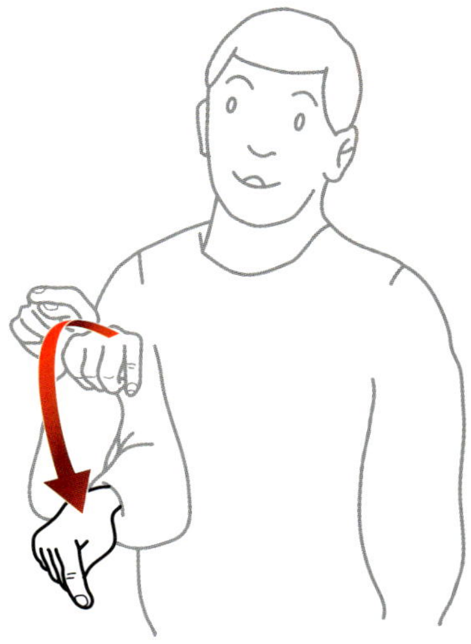
obligatoire

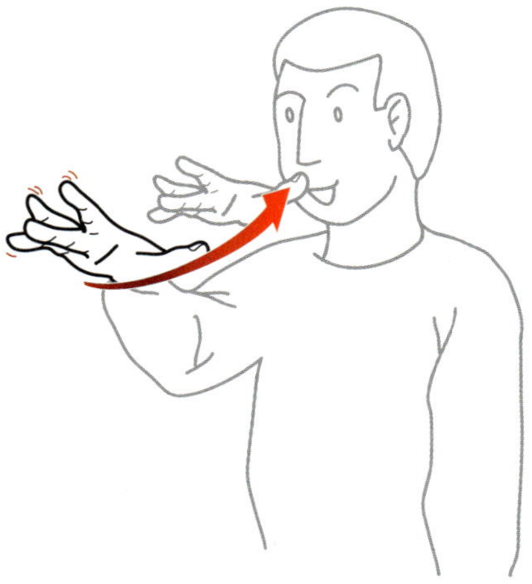
odeur

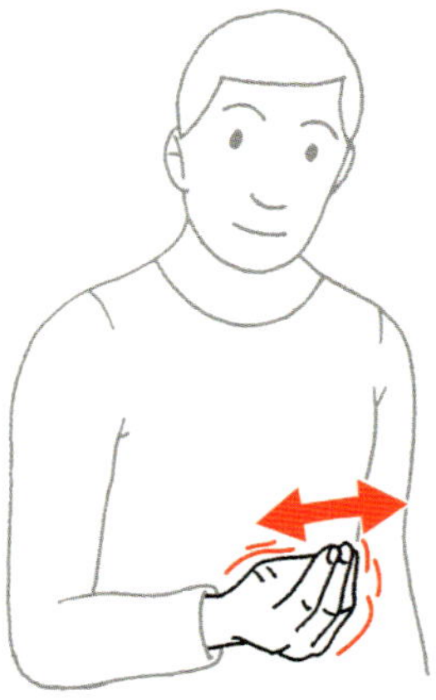
où

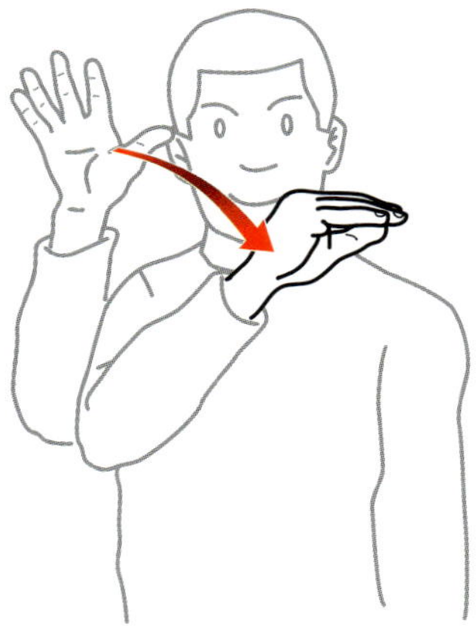
oublier

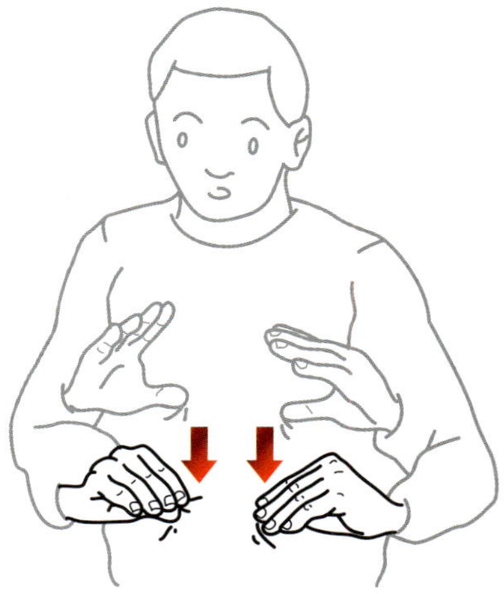
ouf !

P

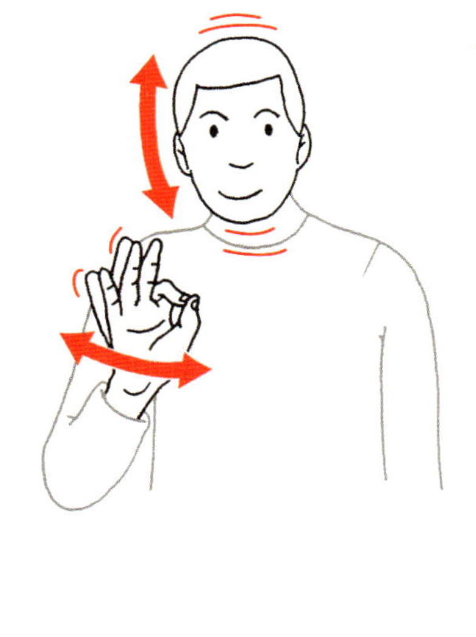
oui

page

papa

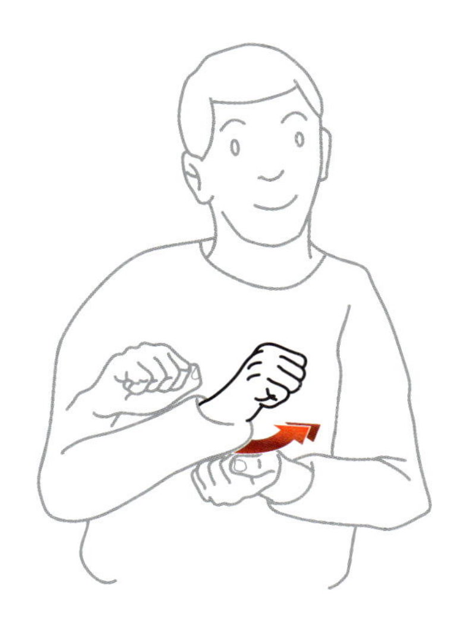
papier

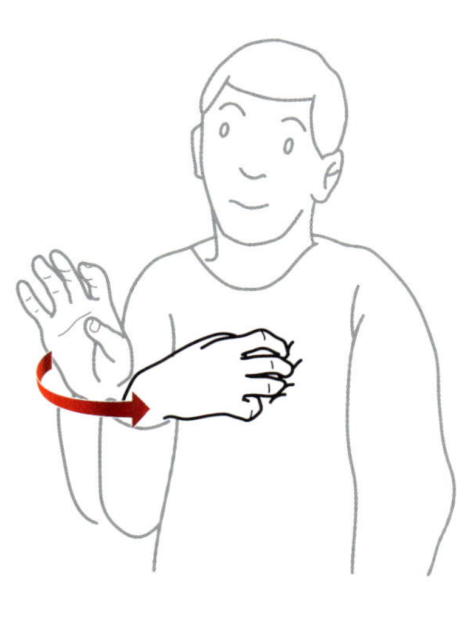
par cœur

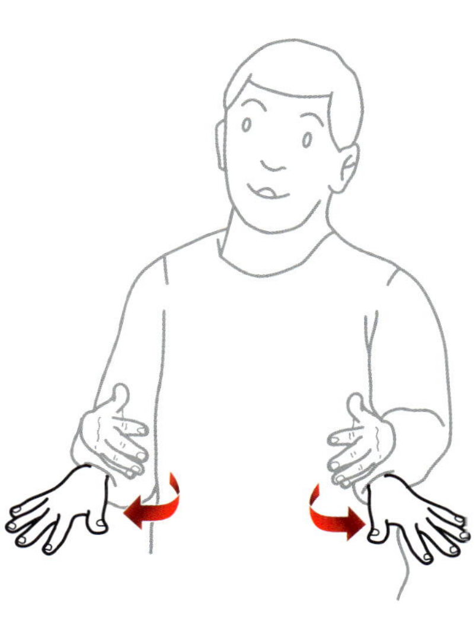
paresseux

parler

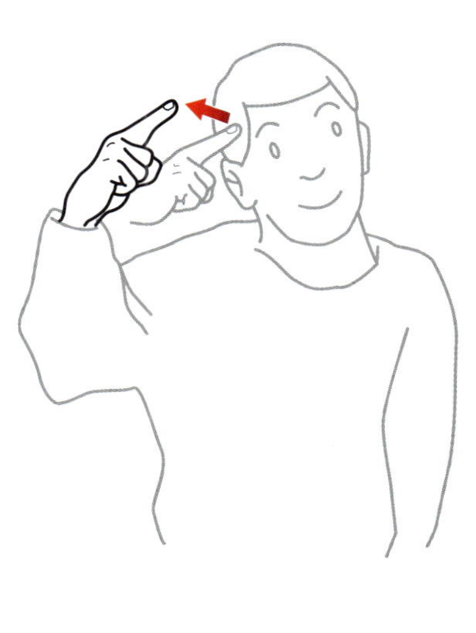
penser

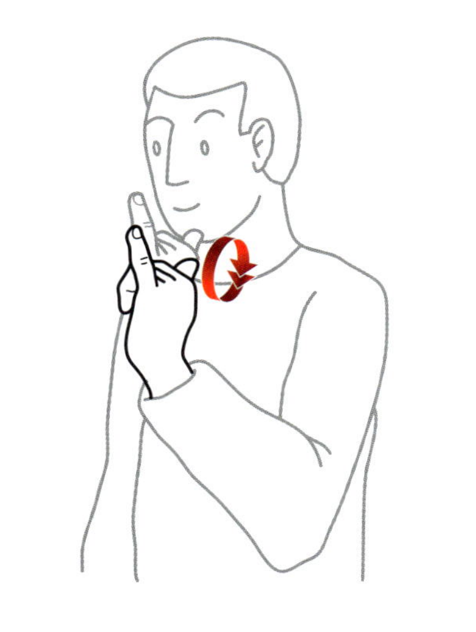
petit

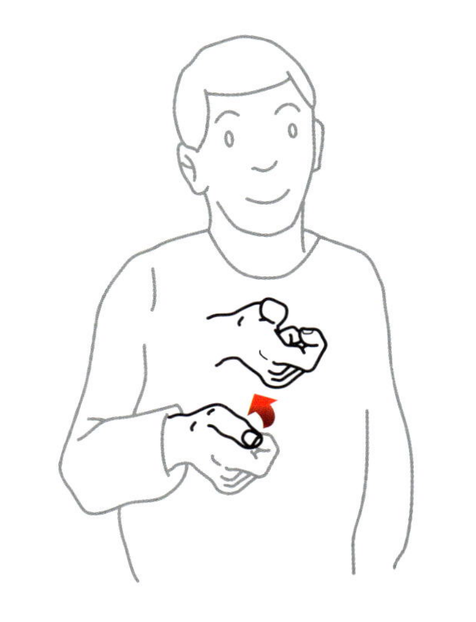
peu (un peu)

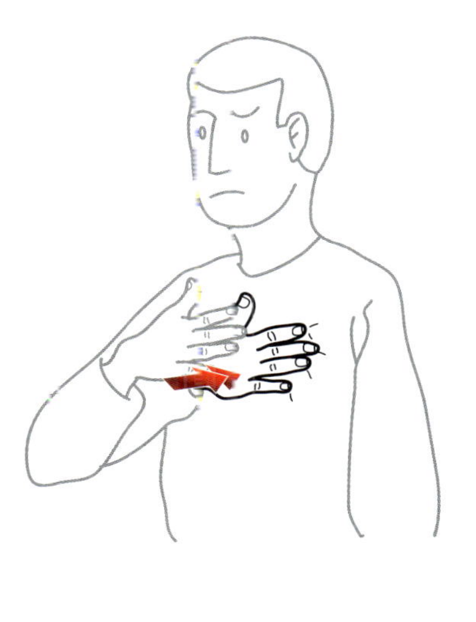
peur

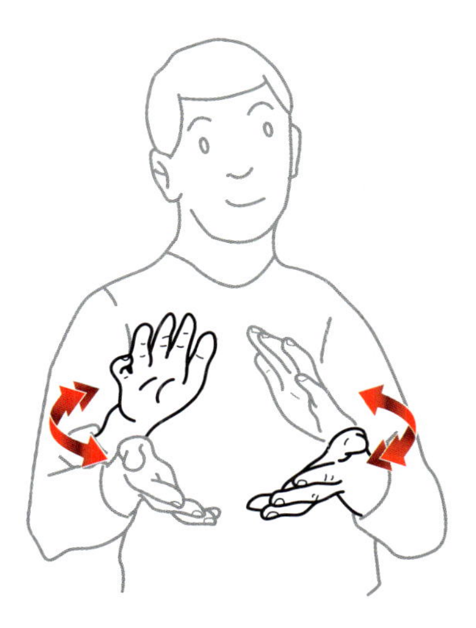
peut-être

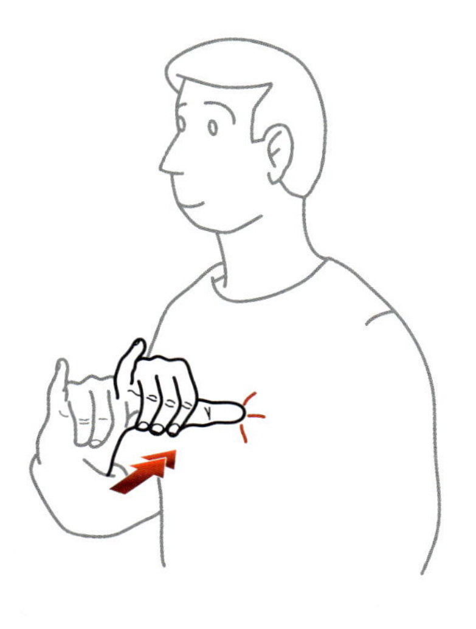
pipi (faire)

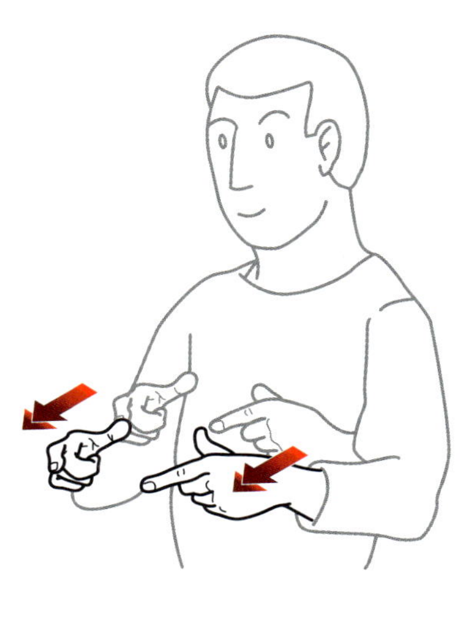
pizza

plus

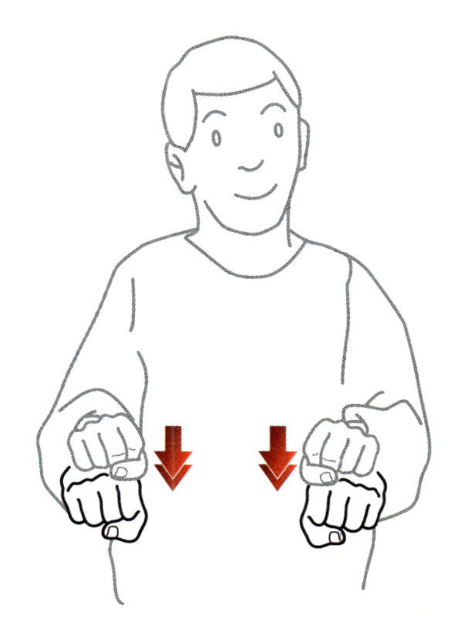
possible (c'est)

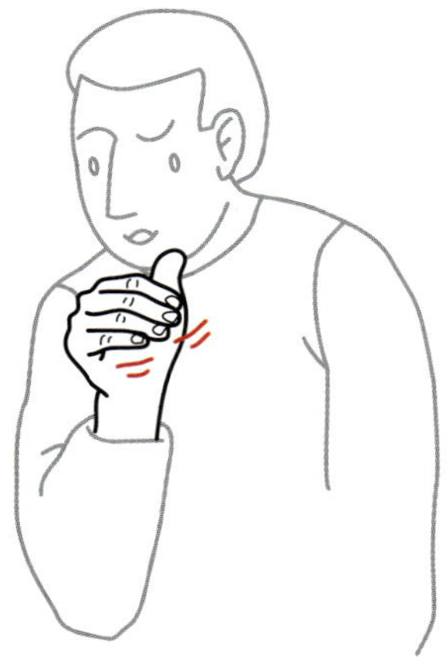

possible (ce n'est pas)

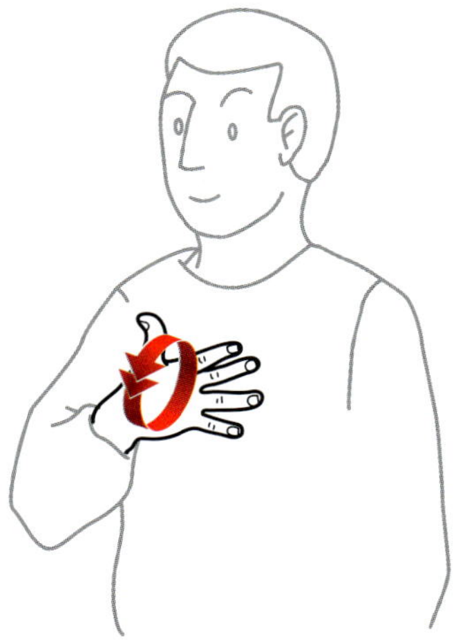

pourquoi faire ?

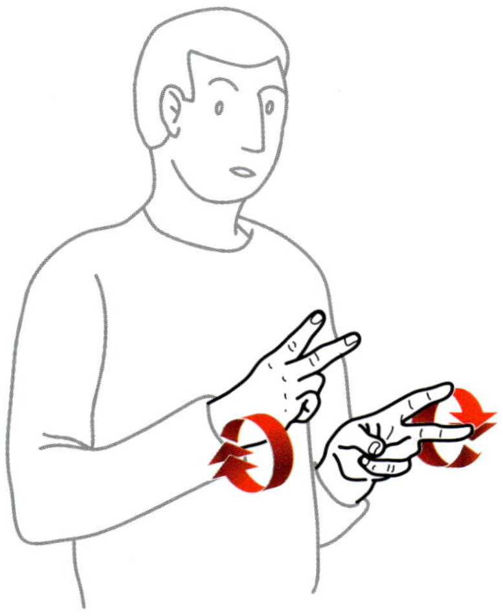

prénom

prêter

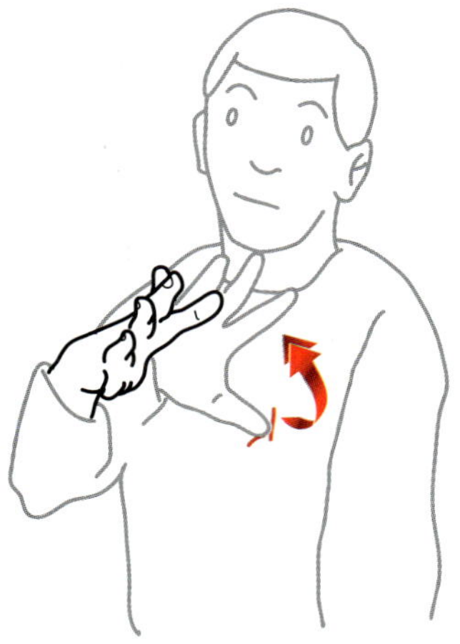

professeur

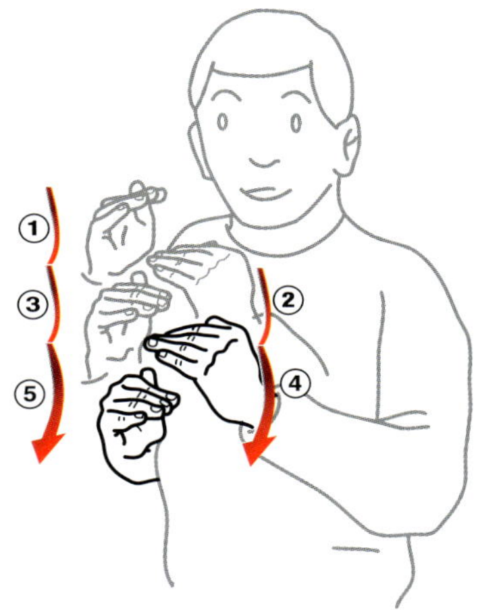

programme

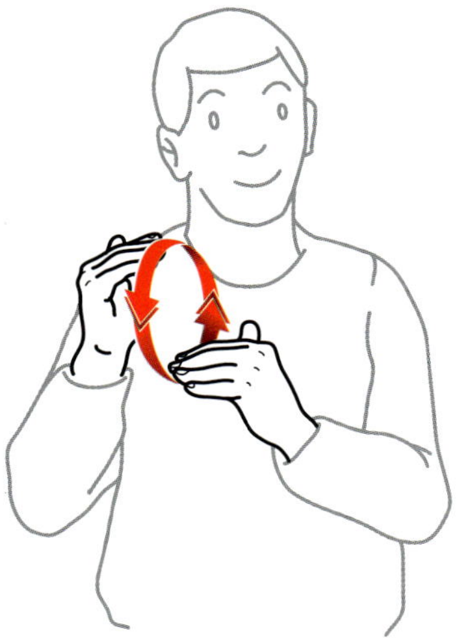

progresser

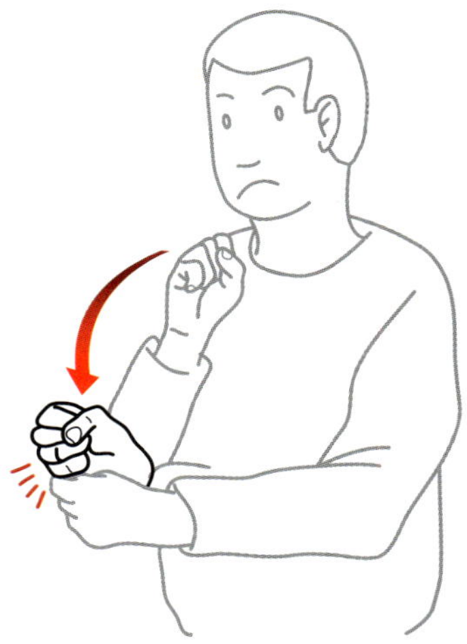

punir

Q

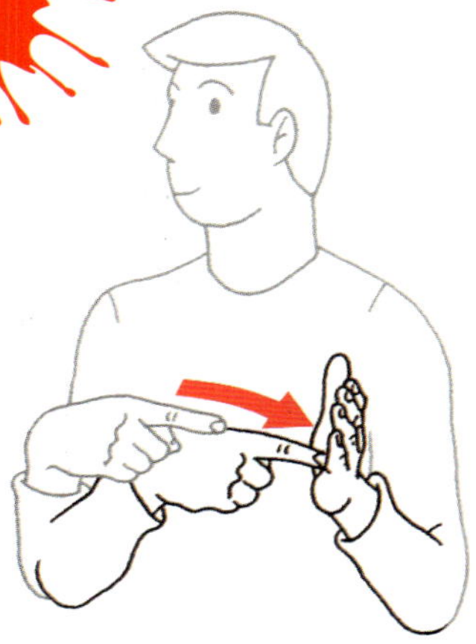

quand ?

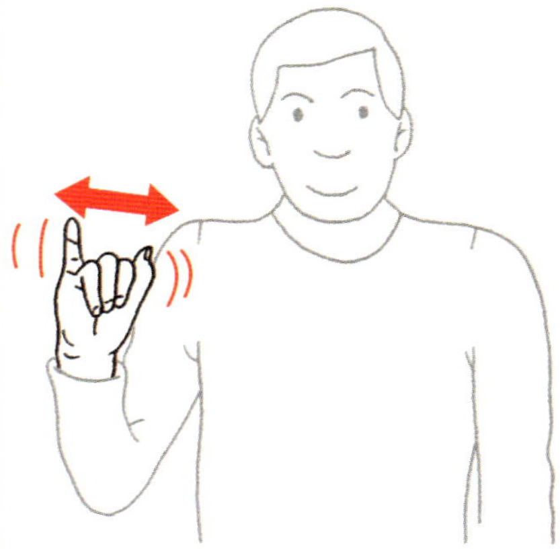

qui ?

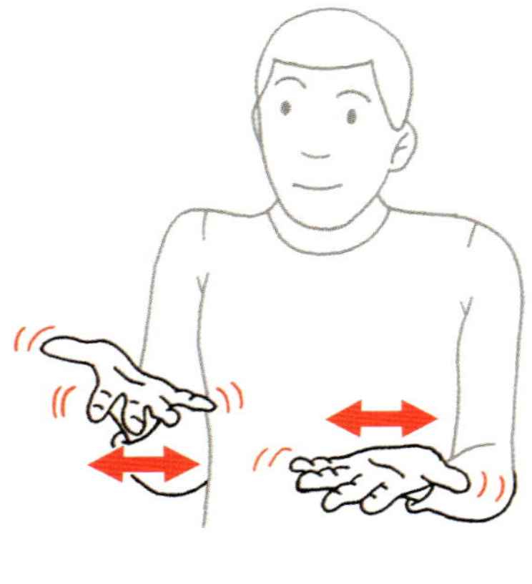

quoi ?

R

rappeler (se)

récréation

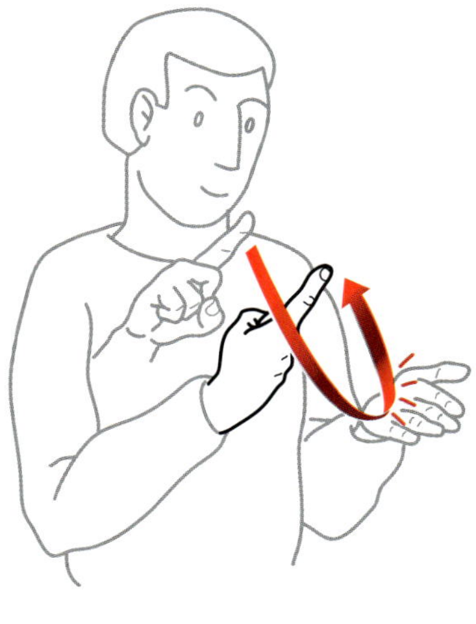

refaire

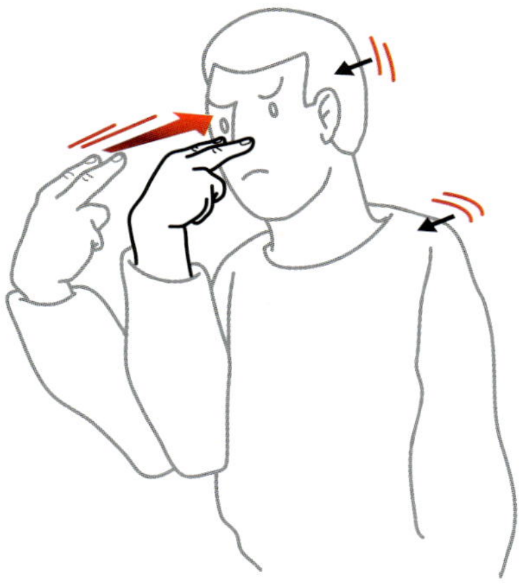

regarde-moi

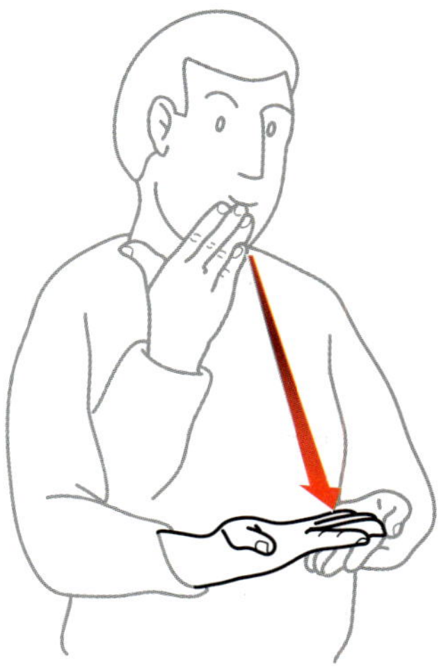

rendez-vous (un)

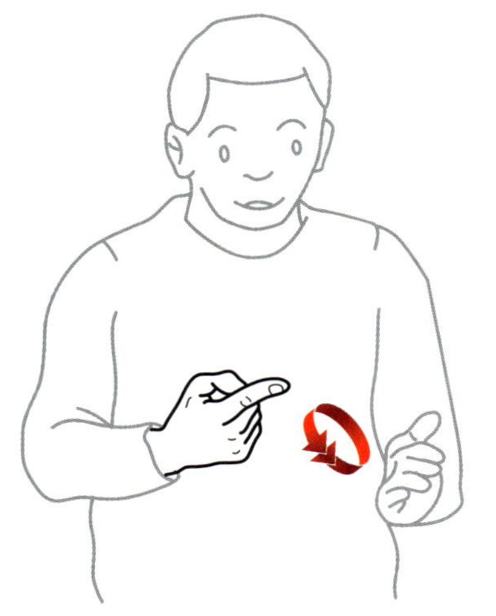

répéter

résultat

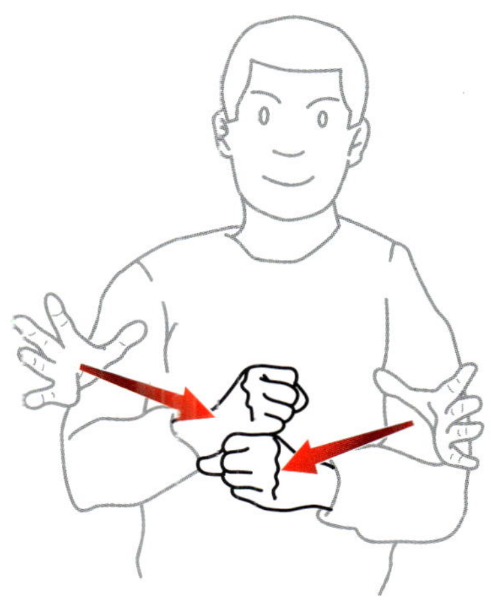

résumer

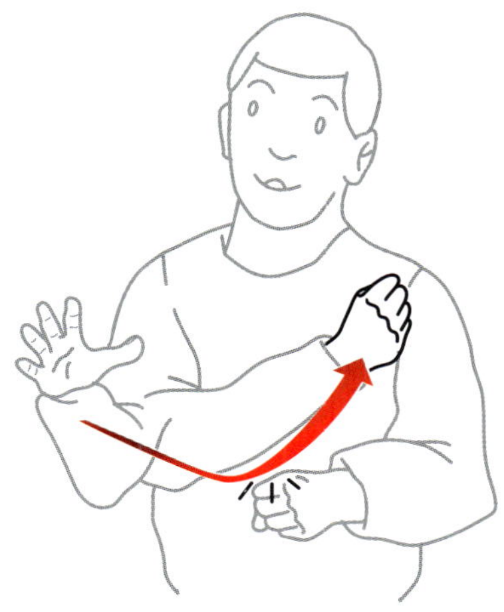

réussir

rêver

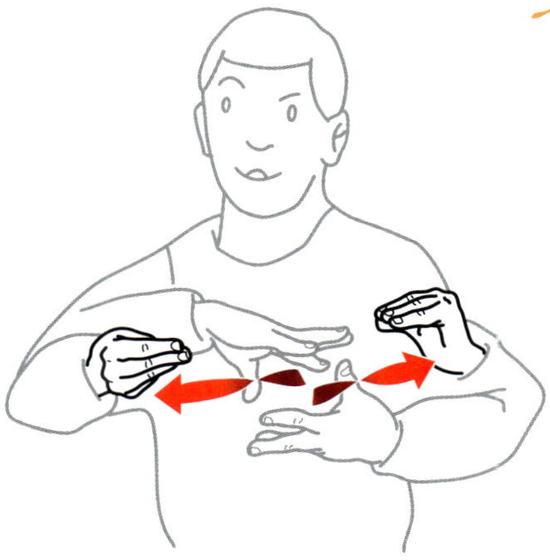

rugby

S

savoir [verbe]

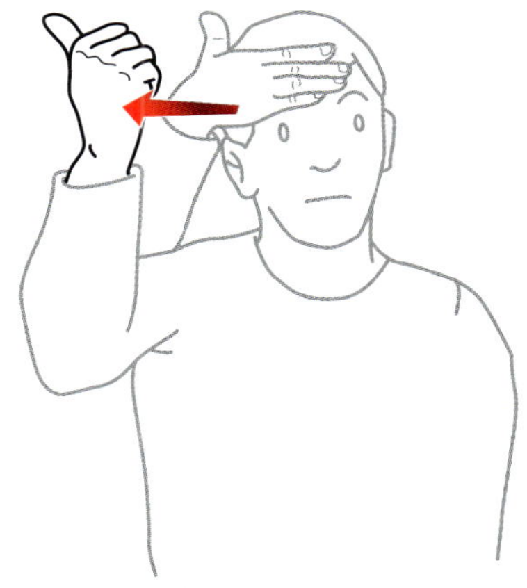

savoir (ne pas)

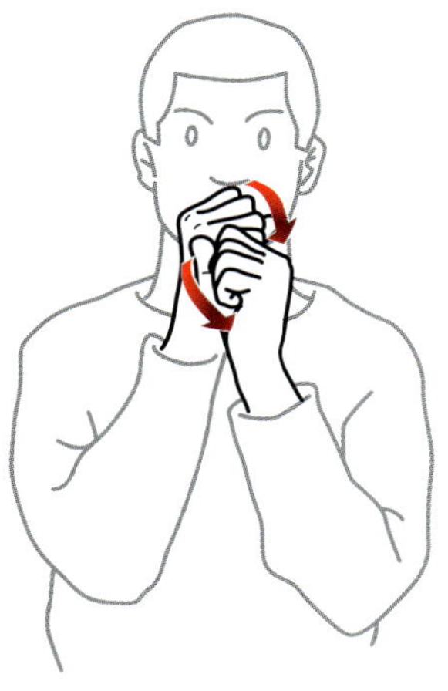

secret

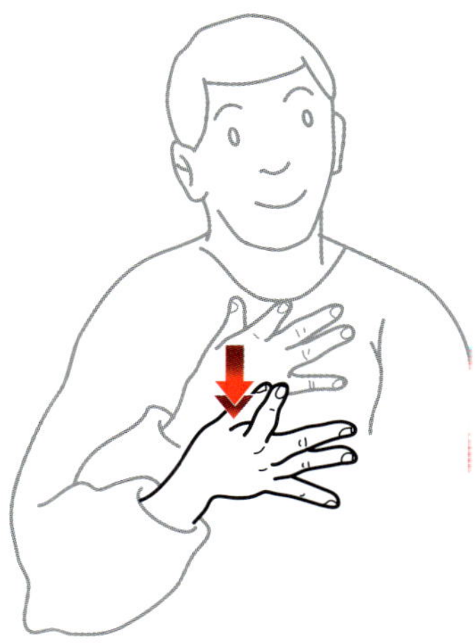

soif (avoir)

sortir

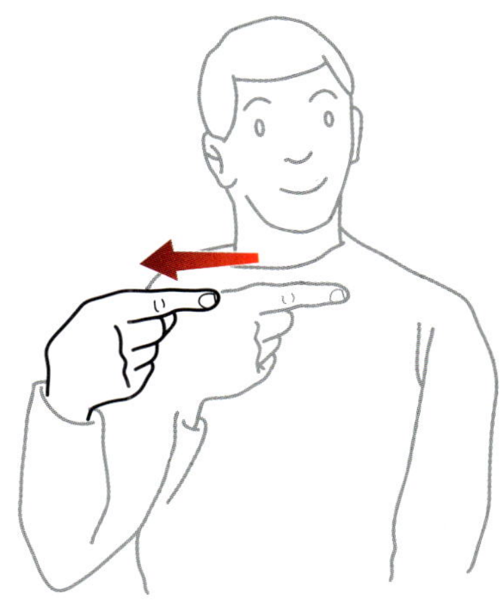

soustraction

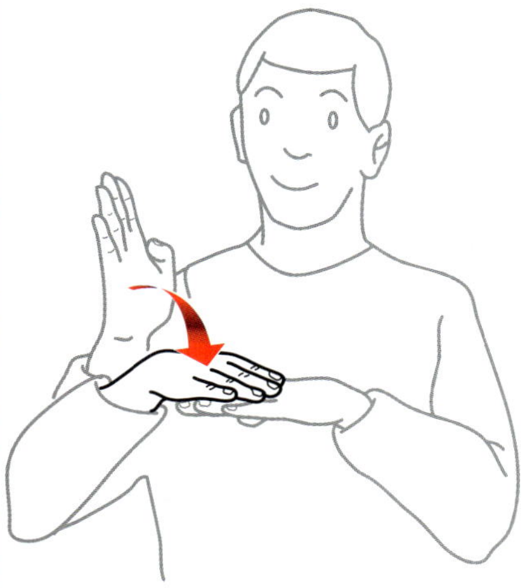

sur [dessus]

surveillant

T

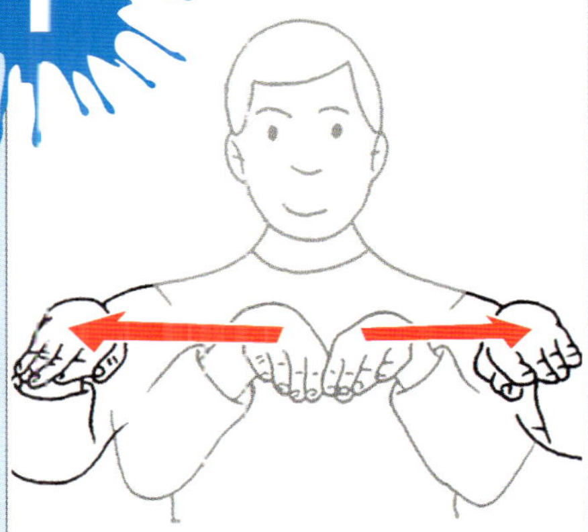

table

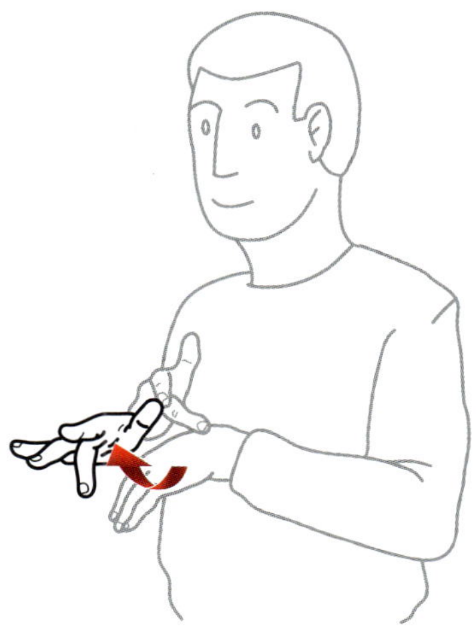

tard

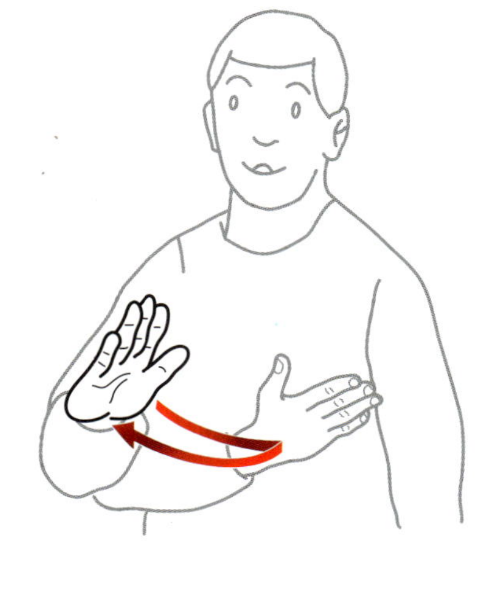
tennis

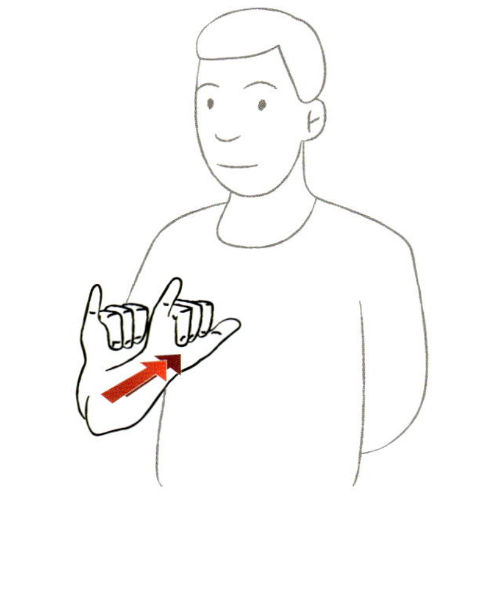
toilettes

ton, ta, le tien

toujours

tout à fait

travail

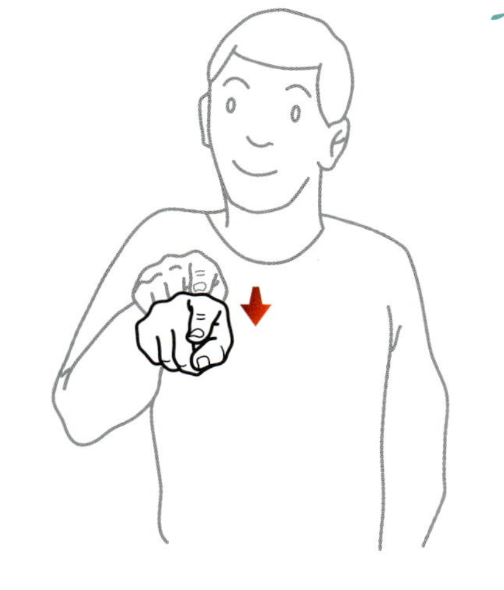
tu, toi, vous

U

université

utile

V

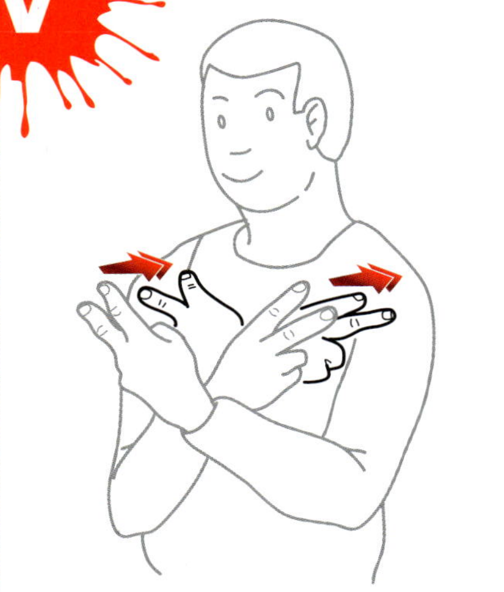
vacances

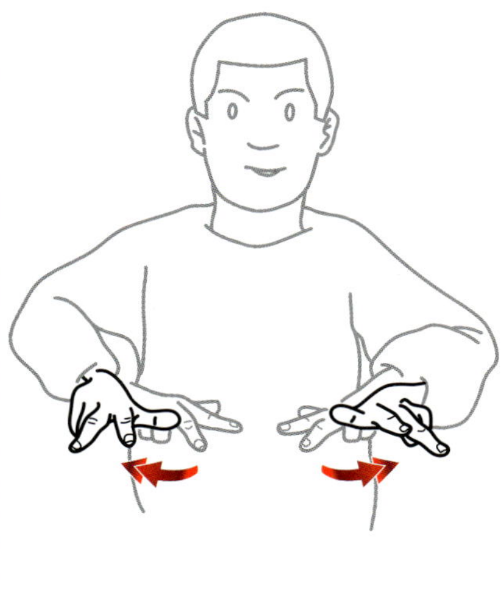
video

vous [pluriel]

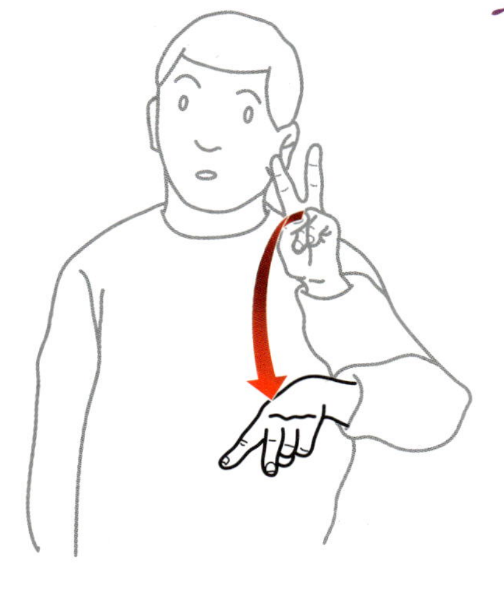
vrai

W

wc

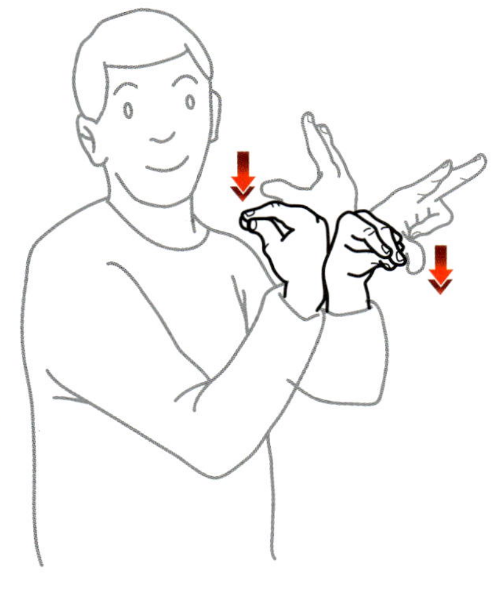
webcam

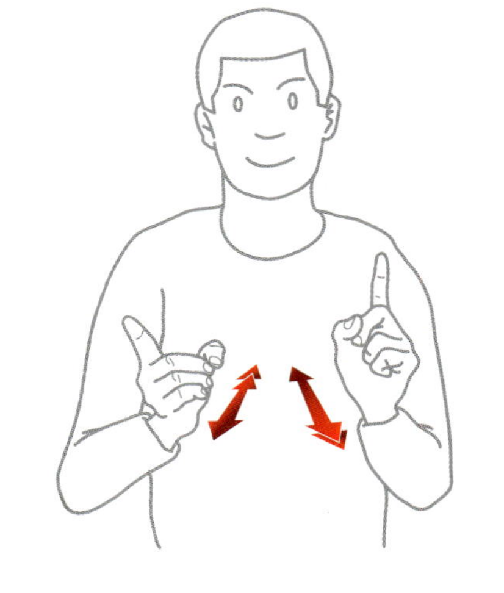
wi-fi